헷갈려, 과학!

초판 1쇄 발행 | 2016년 9월 20일
초판 2쇄 발행 | 2016년 11월 21일

글 | 어린이과학동아 편집부

펴 낸 곳 | (주)가나문화콘텐츠
펴 낸 이 | 김남전
기 획 부 장 | 유다형
기 획·편 집 | 변유경
외 주 편 집 | 진서영
디 자 인 | 손성희 정란
마 케 팅 | 정상원 석철호 한웅 김태용 정용민
관 리 | 임종열 김다운 박희제
인 쇄·제 책 | (주)백산하이테크

출 판 등 록 | 2002년 2월 15일 제10-2308호
주 소 | 경기도 고양시 덕양구 호원길 3-2
전 화 | 02-717-5494(편집부) 02-332-7755(관리부)
팩 스 | 02-324-9944
홈 페 이 지 | www.ganapub.com
이 메 일 | admin@anigana.co.kr

ISBN 978-89-5736-863-3   73400

*이 책에 등장하는 사연을 보낸 어린이들의 이름과 학교 명은 개인정보 보호를 위해 이니셜과 가명을 사용하였음을 알려드립니다.
*책값은 뒤표지에 표시되어 있습니다.
*이 책의 내용을 재사용하려면 반드시 (주)가나문화콘텐츠의 동의를 얻어야 합니다.
*잘못된 책은 바꾸어 드립니다.

*'가나출판사'는 (주)가나문화콘텐츠의 출판 브랜드입니다.

「이 도서의 국립중앙도서관 출판시도서목록(CIP)은 서지정보유통지원시스템 홈페이지(http://seoji.nl.go.kr)와 국가자료공동목록시스템(http://www.nl.go.kr/kolisnet)에서 이용하실 수 있습니다.(CIP제어번호: CIP2016021588)」

- 제조자명 : (주)가나문화콘텐츠
- 주소 및 전화번호 : 경기도 고양시 덕양구 호원길 3-2 / 02-717-5494
- 인 쇄 일 : 2016년 11월 21일
- 제조국명 : 대한민국
- 사용연령 : 8세 이상 어린이 제품

가나출판사는 당신의 소중한 투고 원고를 기다립니다. 책 출간에 대한 기획이나 원고가 있으신 분은 이메일 ganapub1@naver.com으로 보내주세요.

헷갈려, 과학!

글 어린이과학동아 편집부

머리말

알쏭달쏭 헷갈린 세상 속으로 고고!

육지에 사는 동물 중 가장 빠른 건 치타일까요, 표범일까요?
사람과 가장 가까운 온순한 성격의 유인원은 오랑우탄일까요, 고릴라일까요?
세상에는 정말 헷갈리는 것들이 참 많아요. 맛있게 먹은 낙지가 알고 보니 주꾸미인 경우도 있고, 벌에 쏘일까 벌벌 떨었는데 알고 보니 꽃등에인 경우도 흔하지요.

헷갈리는 걸 질문하려고 하면 누구에게 질문해야 할지도 모르겠고, 때로는 괜히 창피하기도 해요. 헷갈린다는 건 정확히 알지 못한다는 뜻이니까요. 그래서 많은 사람들은 헷갈리는 상황을 그냥 못 본 척 지나치곤 해요. 그 결과, 다음에도 똑같은 게 헷갈리고요.
세상에는 무척 다양한 생물들이 살아가고 있고, 또 다양한 질서에 의해 움직이고 있어요. 그러니 무언가 헷갈린다는 건 어쩌면 당연한 일이에요. 헷갈린다는 건 세상에 대한 호기심이 시작되었다는 좋은 신호이기도 해요. 호기심에서 출발해서 그 차이점을 정확하게 알아가다 보면, 다양한 생물의 특징과 과학적 원리에 다다르게 되거든요. 그리고 다시는 헷갈리지 않게 되지요.

이 책은 실제로 〈어린이과학동아〉 독자들이 보낸 사연을 모아 과학적으로 풀어냈어요. 사진 자료를 통해 한 번, '바로 구분하기'를 통해 또 한 번 비교하며 볼 수 있어 더 이상 헷갈리지 않고 정확하게 이해할 수 있을 거예요. 또한 '알아두면 좋은 상식'과 '재미있는 속담 이야기'를 통해 폭넓은 배경지식도 쌓을 수 있지요.

이 책은 헷갈리는 것에 대한 백과사전이에요. 무언가 헷갈리는 게 생기면 이 책을 들춰 보세요. 또, 온 가족이 함께 이 책을 펼쳐놓고 내가 헷갈리는 건 무엇인지 함께 찾아본다면, 즐겁게 웃으며 이야기 나누는 시간이 될 거에요.

자, 이제 헷갈리는 세상 속으로 들어갈 준비가 됐나요? "헷갈려, 과학!"을 통해 세상을 바라보는 눈을 크게 키워 보세요!

어린이과학동아 편집장 **고선아**

*위의 질문에 대한 답은 책 속에 자세히 나와 있답니다. 꼭 확인해 보세요!

차례

헷갈려! 동물과 식물

고슴도치 vs. 호저 … 12
올빼미 vs. 부엉이 … 14
꿀벌 vs. 꽃등에 … 16
진달래 vs. 철쭉 … 18
토끼풀 vs. 괭이밥 … 20
귀뚜라미 vs. 꼽등이 … 22
소나무 vs. 잣나무 … 24
콩벌레 vs. 쥐며느리 … 26
사슴 vs. 순록 … 28
고라니 vs. 노루 … 30
원숭이 vs. 침팬지 … 32
고릴라 vs. 오랑우탄 … 34
개나리 vs. 영춘화 … 36
벚꽃 vs. 매화 … 38
치타 vs. 표범 … 40
모기 vs. 각다귀 … 42

메뚜기 vs. 여치 … 44

말 vs. 당나귀 … 46

거위 vs. 오리 … 48

두꺼비 vs. 맹꽁이 … 50

참새 vs. 붉은머리오목눈이 … 52

고양이 vs. 삵 … 54

장미 vs. 엘라티오르베고니아 … 56

수달 vs. 해달 … 58

사슴벌레 vs. 장수풍뎅이 … 60

코스모스 vs. 금계국 … 62

카멜레온 vs. 도마뱀 … 64

두루미 vs. 백로 … 66

다람쥐 vs. 청설모 … 68

거북 vs. 자라 … 70

헷갈려! 맛있는 음식

버터 vs. 마가린 … 74

명태 vs. 대구 … 76

앵두 vs. 버찌 … 78

뱀장어 vs. 갯장어 … 80

송이버섯 vs. 양송이버섯 … 82

된장 vs. 청국장 … 84

호박고구마 vs. 밤고구마 … 86

밀 vs. 보리 … 88

유정란 vs. 무정란 … 90

멥쌀 vs. 찹쌀 … 92

바지락 vs. 꼬막 … 94

귤 vs. 청견 … 96

낙지 vs. 주꾸미 … 98

땅콩 vs. 마카다미아 … 100

참깨 vs. 들깨 … 102

열무김치 vs. 총각김치 … 104

아이스크림 vs. 아이스바 … 106

콩나물 vs. 숙주나물 … 108

피망 vs. 파프리카 … 110

골뱅이 vs. 우렁이 … 112

굴 vs. 전복 … 114

밤 vs. 도토리 … 116

미역 vs. 다시마 … 118

헷갈려! 물질과 현상

서리 vs. 성에 … 122

알코올 vs. 에탄올 … 124

구름 vs. 안개 … 126

일식 vs. 월식 … 128

우산 vs. 양산 … 130

얼음 vs. 드라이아이스 … 132

속력 vs. 속도 … 134

양력 vs. 음력 … 136

바이올린 vs. 비올라 … 138

항성 vs. 행성 … 140

유성 vs. 운석 … 142

크레파스 vs. 색연필 … 144

백열등 vs. 형광등 … 146

일사병 vs. 열사병 … 148

혼합물 vs. 화합물 … 150

눈 vs. 우박 … 152

빙하 vs. 빙산 … 154

박테리아 vs. 바이러스 … 156

피아노 vs. 파이프오르간 … 158

태풍 vs. 토네이도 … 160

기침 vs. 재채기 … 162

보름달 vs. 슈퍼문 … 164

근시 vs. 원시 … 166

고슴도치 vs. 호저

털이 짧으면 고슴도치, 털이 길면 호저

고슴도치

등에 뾰족뾰족한 가시털이 나 있는 고슴도치는 귀여운 외모 때문에 애완동물로 키우기도 해요. 고슴도치는 주로 밤에 활동하는 야행성 동물로 곤충을 주로 먹으며, 오이나 꽃 같은 식물도 먹어요. 우리나라의 야산, 농경지, 삼림지대에서 고슴도치를 만날 수 있지요.

고슴도치의 가시털은 털이 변한 것으로 길이는 약 2.5cm예요. 고슴도치의 등에는 이런 가시털이 7000개 정도 나있지요. 고슴도치의 가시털은 공격보다는 방어용이에요. 적이 오면 몸을 밤송이처럼 동그랗게 말아서 가까이 다가올 수 없게 한답니다.

🔍 바로 구분하기
학명 *Erinaceus amurensis*
식성 잡식성
분포지 중국 동북부와 러시아 연해주, 우리나라 전국(제주도 제외)
크기 몸길이 20~25cm, 체중 360~630g
특징 가시털의 크기가 약 2.5cm, 몸을 둥글게 말아 보호한다.

알아두면 좋은 상식

가시가 있는 두더지도 있다고?

가시털로 덮여 있는 데다 고슴도치와 덩치도 비슷해서 헷갈리는 또 다른 동물이 있어요. 바로 '가시두더지'랍니다. 하지만 자세히 보면 가시두더지와 고슴도치는 서로 다르게 생겼어요. 가시두더지는 고슴도치보다 주둥이가 뾰족하고, 이빨도 없지요. 게다가 가시두더지는 새끼가 아니라 알을 낳는 '단공류'라는 아주 큰 차이가 있답니다. 새끼에게 젖을 먹이는 포유류이면서 알을 낳는다니, 정말 신기하죠?

동물원에 갔다가 온몸이 가시로 덮여있는 동물을 봤어요. 저는 '고슴도치'라고 생각했는데, 어머니께서는 '호저'라고 하셨어요. 고슴도치와 호저, 무엇이 다른 건가요?

김해 D초등학교 4학년 **조영진**

 바로 구분하기

학명 Hystrix cristata
식성 잡식성
분포지 아프리카 열대지역
크기 몸길이 60~90cm, 체중 6~15kg
특징 가시털의 크기가 아주 길고 크다. 가시털을 창처럼 사용해 방어한다.

호저

'산미치광이' 또는 '아프리카포큐파인'이라고도 부르는 호저는 고슴도치와 닮긴 했지만 사실 고슴도치와 전혀 다른 동물이에요. 호저는 '쥐목' 포유류로, 고슴도치보다는 쥐나 다람쥐와 가깝지요. 아프리카의 열대 지방에서만 살기 때문에 우리나라에서는 동물원에 가야만 볼 수 있어요.

호저의 가시털은 고슴도치의 가시털보다 훨씬 길기 때문에 쉽게 구분할 수 있어요. 호저의 몸에는 가시털이 3만 개나 있는데, 호저는 이 가시털을 '창'처럼 사용해요. 가시털이 몸에서 잘 떨어지기 때문에, 가시털로 적을 찔러서 공격을 하는 거죠.

 재미있는 **속담 이야기**

고슴도치도 제 새끼는 함함하다고 한다.

'함함하다'라는 말은 '곱다', '예쁘다'라는 뜻이에요. 부모의 눈에는 자식이 언제나 예뻐보이고, 편을 들게 된다는 의미의 속담이지요. 그런데 엄마 고슴도치는 가시가 뾰족한 아기 고슴도치를 어떻게 낳는 것일까요? 고슴도치 새끼는 엄마 뱃속에서는 가시를 피부 속에 숨기고 있대요. 태어난 뒤 3일 정도 되어야 가시가 나오기 시작하기 때문에 다치지 않고 새끼를 낳을 수 있답니다.

올빼미 vs. 부엉이
일단은 귀깃 먼저 확인해 보세요

올빼미, 부엉이, 소쩍새 모두 한 종류!

올빼미, 수리부엉이, 솔부엉이, 소쩍새 등은 모두 '올빼미과'라는 큰 분류에 속하는 맹금류예요. 맹금류란 고기를 먹는 사나운 조류를 뜻하는 말이지요.
올빼미과에 속한 새는 전 세계에 160종 정도인데, 생김새와 특징이 제각각이라 단순하게 구분할 수는 없어요.

귀깃이 있다! 없다?

대체로 머리 위에 '귀깃(귀 모양의 깃털)'이 없으면 올빼미, 있으면 부엉이로 구분하는 경우가 많아요. 하지만 정확한 구분은 아니랍니다.

〈쇠부엉이〉

〈줄무늬올빼미〉

알아두면 좋은 상식

우리나라에 살고 있는 올빼미과 새는?

우리나라에는 모두 11종의 올빼미과 새가 살고 있어요. 올빼미, 수리부엉이, 칡부엉이, 쇠부엉이, 솔부엉이, 소쩍새, 큰소쩍새 이렇게 7종은 천연기념물로 지정되었고, 그밖에 긴점박이올빼미와 흰올빼미, 금눈쇠올빼미와 긴꼬리올빼미가 있어요.

TV드라마를 보고 있는데 무서운 장면이 나왔어요. 깜깜한 밤중에 숲속에서 눈만 빛나는 새가 쏜살같이 날아오는 거예요. 저는 순간 '올빼미다!'라고 외쳤는데, 드라마 주인공은 그 새를 부엉이라고 불렀어요. 대체 올빼미랑 부엉이는 어떻게 다른 거죠?

경주 H초등학교 2학년 **김현수**

금눈쇠올빼미

'올빼미'라는 이름이 들어간 종은 대개 얼굴이 둥글지만, 생김새는 서로 달라요.

솔부엉이

솔부엉이는 부엉이류에 속하긴 하지만 귀깃이 없어요. 이처럼 부엉이류 안에서도 종마다 귀깃이 있는 새와 없는 새가 있어요.

〈금눈쇠올빼미〉

〈솔부엉이〉

큰소쩍새

올빼미와 부엉이뿐만 아니라 소쩍새도 올빼미과에 속하는 새예요. 소쩍새도 귀깃이 있답니다.

〈큰소쩍새〉

재미있는 속담 이야기

날 샌 올빼미 신세.

올빼미는 어두워도 잘 볼 수 있는 눈과 작은 소리에도 민감한 귀를 가지고 있어서 밤에도 사냥을 잘할 수 있어요. 하지만 날이 밝으면 잘 움직이지 못하고 꼭꼭 숨어 있답니다. 이렇게 밤에만 활동하는 동물을 '야행성'이라고 해요. 돈이나 권력과 같은 중요한 것을 잃어 크게 실망한 사람이 다른 사람의 눈에 띄지 않게 꼭꼭 숨어 지내는 것을 가리키는 표현이에요.

꿀벌 vs. 꽃등에
눈이 작으면 꿀벌, 왕눈이는 꽃등에!

꿀벌

우리에게 달콤한 꿀을 주는 꿀벌은 무리 지어 생활하는 곤충이에요. 꿀벌들은 각자 무리에서 맡은 역할이 있는데, 여왕벌과 수벌은 알을 낳는 일을 담당하고 나머지 일벌들은 먹이를 구하거나 적과 싸운답니다.

꿀벌은 귀엽게 생겼지만 따끔한 침 때문에 무섭기도 하죠? 일벌은 천적인 곰이나 오소리 같은 동물에 맞서기 위해 원래 알을 낳던 기관을 벌침으로 변화시켰대요. 벌침에는 '키민'이라는 독이 들어 있어서 맞으면 빨갛게 붓고 아픈 알레르기 반응이 일어나요. 이 벌침이 무서워서 다른 동물들은 벌을 함부로 공격하지 못하지요. 꿀벌을 만나면 쏘이지 않게 조심하세요!

🔍 바로 구분하기

학명 *Apis mellifera*
분포지역 동양종 – 우리나라, 중국, 일본
생김새 앞날개와 뒷날개가 바로 붙어 있어 구분이 어렵지만 날개가 2쌍이다.
특징 눈이 꽃등에에 비해 작다.

알아두면 좋은 상식

동부산호뱀과 주홍왕뱀 이야기

독을 가지고 있는 생물을 따라하는 '베이츠 의태'를 하면 독을 만들고 유지하기 위해 많은 에너지를 쓰지 않아도 적의 공격을 쉽게 피할 수 있어요. 동부산호뱀과 주홍왕뱀도 이런 베이츠 의태 관계랍니다. 주홍왕뱀은 독이 없지만 무시무시한 독을 가진 동부산호뱀과 꼭 닮게 의태를 해서 다른 동물들이 겁을 낸대요. 어때요? 정말 비슷하게 생겼죠?

〈독이 있는 동부산호뱀〉　〈독이 없는 주홍왕뱀〉

봄 소풍을 갔다가 벌처럼 생긴 곤충을 봤어요. 깜짝 놀라서 도망갔는데, 선생님이 '꽃등에'라고 하시더라고요. 벌이랑 꽃등에랑 뭐가 다른 건가요?

서울 D초등학교 5학년 **강빛나**

꽃등에

꽃등에는 사실 파리의 일종이에요. 꽃등에는 벌과 비슷하게 생겼지만 침이 없기 때문에 공격을 할 수 없어요. 하지만 벌의 무늬와 색과 꼭 닮아서 파리를 잡아먹는 새들이 꽃등에를 꿀벌로 착각하여 공격을 하지 않아요. 이렇게 자신의 몸을 보호하기 위해 다른 생물의 모양이나 색깔, 행동을 따라 하는 것을 '의태'라고 불러요. 특히 힘이 약한 생물이 강한 독을 가진 다른 생물을 흉내 내는 의태는 '베이츠 의태'라고 하는데, 1862년 영국의 생물학자인 '헨리 월터 베이츠'가 처음 발견했기 때문에 이렇게 이름 붙였어요.

바로 구분하기
학명 *Eristalomyia tenax*
분포지역 전 세계
생김새 날개가 1쌍이다.
특징 눈이 꿀벌에 비해 크다. 더듬이가 대체로 꿀벌에 비해 짧다.

재미있는 속담 이야기

벌도 법이 있지.

꿀벌을 설명하며 얘기했듯이, 벌의 세계는 질서가 확실하게 잡혀 있어요. 여왕벌, 수벌, 일벌이 각자 맡은 역할을 충실하게 수행하며 하나의 사회를 이루어 살아가지요. 이 속담은 곤충인 벌도 질서를 잘 지키며 살아가는데, 사람이 규칙과 질서를 지키지 않아서야 되겠느냐, 라는 의미로 사용한답니다.

진달래 vs. 철쭉

꽃이 먼저 피면 진달래, 꽃과 잎이 함께 나면 철쭉

진달래

'봄이 오면 산에 들에 진달래 피네~♪' 본격적으로 봄이 왔다는 것을 알려주는 진달래는 4월 초에 분홍색 꽃을 피워요. 기온이 따뜻한 제주도에서는 3월 초순이면 볼 수 있지요.

진달래는 잎사귀보다 꽃이 먼저 핀답니다. 꽃이 지고 나면 그제야 초록 잎사귀가 나와요. 진달래의 꽃잎은 끝이 다섯 갈래로 갈라졌고, 그 안에 수술 열 개와 암술 한 개가 들어 있답니다. 진달래는 찹쌀반죽 위에 진달래 꽃을 올린 화전을 만들어 먹기도 하고, 두견주라고 부르는 진달래 술을 담가 먹기도 해요.

바로 구분하기
학명 *Rhododendron mucronulatum*
분포지역 우리나라, 일본, 중국, 몽골 등
크기 나무 높이 2~3m
특징 잎보다 꽃이 먼저 핀다.

알아두면 좋은 상식

예쁘고 맛있는 꽃 이야기

매화, 국화, 호박꽃, 팬지, 장미. 이 꽃들의 공통점은 바로 먹을 수 있는 꽃이라는 거예요. 그런데 꽃을 먹을 때는 꽃 중간의 암술과 수술, 꽃 아래의 꽃받침 등을 없앤 뒤 꽃잎만 깨끗한 물에 씻어 먹어야 해요. 꽃잎 이외의 부분에는 독성이 있을 수도 있으니까요. 또 꽃집에서 파는 꽃은 농약을 사용했을지도 모르니까 식용으로 따로 재배한 꽃을 먹어야 해요.

〈식용 꽃으로 만든 샐러드〉

봄이면 산에는 분홍색 꽃이 많이 펴요. 그래서 멀리서 보면 마치 산이 분홍색으로 물든 것처럼 보여요. 그런데 색깔이 다 비슷해서 어떤게 진달래이고 철쭉인지 분간이 안 돼요. 두 꽃을 구분할 수 있는 방법은 없을까요?

익산 Y초등학교 5학년 **김선주**

철쭉

철쭉은 진달래보다 늦게 꽃이 피어요. 보통 5월에 철쭉 꽃을 볼 수 있답니다. 진달래와 가장 쉽게 구분할 수 있는 특징은 바로 꽃과 잎이 함께 난다는 점이에요.

철쭉은 절대 먹으면 안 돼요. 철쭉에는 '그레이아노톡신'이라는 독이 있어서 먹으면 배가 아프고 구토와 설사를 하게 된답니다. 다른 동물이 꽃을 먹지 못하게 하려고 독을 만든 거지요. 그래서 예전에는 먹을 수 있는 진달래는 '참꽃', 먹을 수 없는 철쭉은 '개꽃'이라고 부르기도 했어요.

🔍 **바로 구분하기**
학명 *Rhododendron schlippenbachii*
분포지역 우리나라, 중국, 시베리아 우수리 등
크기 나무 높이 2~5m
특징 잎과 꽃이 함께 난다.

진달래 꽃이 늦게까지 피면 흉년 든다.

진달래 꽃이 늦게까지 피어 있으면 농사를 망치게 된다는 이야기예요. 실제로 진달래 꽃은 봄 날씨가 춥고 봄 가뭄이 들었을 때 지지 않고 오래 피어 있어요. 기온이 낮고 가뭄이 들 때에는 논밭에 씨를 제때 뿌릴 수 없지요. 씨를 제때 뿌리지 못하니 농작물이 잘 자랄 수 없고, 흉년이 들기도 쉬워요. 이처럼 꽃이 피는 시기는 날씨와 밀접한 연관이 있고 농사 등 우리의 생활에 큰 영향을 끼치기 때문에 기상청에서는 해마다 2월 말에 봄꽃이 피는 시기를 예상해서 발표한답니다.

토끼풀 VS. 괭이밥

흰 꽃은 토끼풀, 노란 꽃은 괭이밥

토끼풀

클로버라고도 부르는 토끼풀은 콩과의 여러해살이풀로, 줄기가 땅을 기어 길게 옆으로 뻗어가며 자랍니다. 6~7월에 꽃잎이 많은 하얀 꽃이 피고, 9월에 씨가 영글어요. 유럽에서 건너와 우리나라에 살게 된 '귀화식물'로, 햇볕이 잘 드는 곳을 좋아하지요.

잎은 대부분 세 개인데, 이따금 넷 또는 다섯 개가 달리기도 해요. 프랑스 사람들은 잎이 네 개인 클로버를 행운의 상징으로 여긴대요.

토끼풀의 잎 모양은 동그스름해요. 잎의 가장자리는 매끈하지 않고 자잘하게 톱니가 있는 듯한 모양이지요. 또한 잎 중앙에는 연초록색 무늬가 있어요.

🔍 바로 구분하기
학명 Trifolium repens
원산지 유럽
크기 높이 20~30cm
꽃 꽃잎이 많은 하얀 꽃이 핀다.
특징 잎에 무늬가 있다.

알아두면 좋은 상식

행운의 상징 네잎 클로버

네잎 클로버는 어떻게 행운의 상징이 되었을까요? 네잎 클로버를 행운의 상징이라 여기게 된 사건들은 여러 가지가 전해지고 있어요. 그중 가장 유명한 것은 프랑스의 군인이자 이후 황제가 된 나폴레옹의 일화예요. 전쟁터에 나간 어느 날, 나폴레옹은 발 아래 네잎 클로버가 있는 것을 보고 허리를 숙였어요. 그런데 그 순간! 머리 위로 총알이 휙! 지나간 거예요. 허리를 숙이지 않았다면 나폴레옹은 죽을 수밖에 없었던 것이지요.

공원에서 세 잎 클로버 모양의 풀을 보고 '와! 토끼풀이다!'라고 했더니 아빠가 '그건 괭이밥인데…'라고 하셨어요. 토끼풀과 괭이밥은 어떻게 다른 거예요?

서울 S초등학교 2학년 **박현정**

괭이밥

괭이밥과의 여러해살이풀로, 땅속 깊이 내린 뿌리에서 많은 줄기가 나와 옆이나 위로 비스듬히 자라요. 괭이밥은 하트모양의 작은 잎 세 개가 붙어 있는 모양으로, 잎은 중심을 따라 접혀 있는 형태예요. 잎의 가장자리와 뒷면에는 가는 털이 나 있고, 토끼풀과 달리 무늬가 없지요.

괭이밥은 5~9월에 꽃이 피는데, 꽃의 색깔은 노란색이에요. 그래서 꽃을 보면 토끼풀과 괭이밥을 쉽게 구별할 수 있어요. 또한 괭이밥은 토끼풀과 달리 그늘지고 습기가 있는 곳을 좋아해요.

우리나라 곳곳에서 자라며, 논이나 밭, 길가에서 쉽게 발견할 수 있답니다.

🔍 바로 구분하기
학명 *Oxalis corniculata*
크기 높이 10~30cm
꽃 꽃잎이 다섯 장인 노란색 꽃이 핀다.
특징 잎에 무늬가 없다.

알아두면 좋은 상식

자운영과 사랑초도 헷갈려!

자운영과 사랑초도 토끼풀이나 괭이밥과 헷갈리는 식물들이에요. 자운영은 꽃이 토끼풀과 닮았지만, 잎이 아카시나무 잎처럼 줄기에 줄지어 나 있다는 점이 달라요. 사랑초는 잎이 삼각형 모양에 가깝게 생겼고 자주색을 띤답니다. 사진으로 보면 확실하게 구분할 수 있겠죠?

〈자운영〉

〈사랑초〉

귀뚜라미 vs. 꼽등이

등을 편 귀뚜라미, 등이 굽은 꼽등이

귀뚜라미

귀뚜라미의 몸은 진한 갈색 또는 흑갈색이에요. 옆에서 보면 등이 평평한 모양이고, 위에서 보면 꼬리 부분이 뾰족하고 길쭉한 모양이지요. 더듬이는 몸길이의 1.5배 정도이고, 주로 땅을 기어 다니며 생활한답니다.

가을이 되면 들을 수 있는 귀뚜라미 소리는 수컷 귀뚜라미가 양쪽 앞날개를 서로 비벼 내는 소리로, 암컷을 부르기 위해 내는 소리예요. 귀뚜라미 암컷은 꼬리 끝에 산란관(알을 낳는 바늘 같은 관)이 있기 때문에 암컷과 수컷을 쉽게 구별할 수 있어요.

산란관

🔍 **바로 구분하기**
- **학명** *Velarifictorus aspersus*
- **크기** 몸길이 17~21mm
- **몸의 빛깔** 진한 흑갈색
- **분포지역** 아시아 대륙 남부 지방
- **특징** 등이 평평하다.

알아두면 좋은 상식

너희를 해치지 않아! 연가시

꼽등이를 물에 넣자 가느다란 철사 같은 모양의 벌레인 연가시가 스멀스멀 기어나오는 동영상이 인터넷을 통해 널리 퍼진 적이 있어요. 그 모습이 무척 징그러워서 많은 사람들이 꼽등이와 연가시를 무서워하게 됐지요. 또 이 때문에 꼽등이와 연가시를 해로운 생물로 생각하는 사람도 많아요. 하지만 연가시는 곤충에만 기생하고 사람에게는 피해를 입히지 않아요. 그러니까 너무 무서워할 필요는 없어요.

〈여치에서 빠져 나오는 연가시〉

밤에 귀뚜라미를 잡으러 밖에 나갔어요. 잠자리채로 펄쩍 뛰는 귀뚜라미를 잡았답니다. 그런데 아빠께서 제가 잡은 것이 귀뚜라미가 아니라 꼽등이라고 하셨어요. 귀뚜라미와 꼽등이를 쉽게 구별하는 방법을 알려 주세요!

서울 S초등학교 2학년 **강우진**

꼽등이

많은 사람들이 꼽등이와 귀뚜라미를 헷갈려해요. 하지만 꼽등이와 귀뚜라미는 많이 다르답니다. 옅은 갈색에 진한 갈색 반점이 나 있는 꼽등이를 옆에서 보면 등이 굽어 있다는 걸 알 수 있어요. 또 더듬이가 몸길이의 4배에 이를 정도로 아주 길어요. 뒷다리도 길어서 자기 키의 10배나 되는 40~50cm까지 뛸 수 있지요. 하지만 꼽등이는 날개가 없어서 날지 못해요.

습기가 많고 어두운 재래식 부엌이나 화장실에 많이 나타나며, 암컷은 귀뚜라미와 마찬가지로 꽁무니에 알을 낳는 산란관을 가지고 있어요.

바로 구분하기
학명 Diestrammena coreana
크기 몸길이 15~25mm
몸의 빛깔 연한 갈색
분포지역 우리나라, 일본, 타이완
특징 등이 굽어 있고 타원형이다.

재미있는 속담 이야기

칠월 귀뚜라미가 가을 알듯 한다.

가을이 온 것을 가장 먼저 알리는 음력 칠월의 귀뚜라미처럼, 남보다 먼저 아는 체하는 사람을 비아냥거릴 때 사용하는 속담이에요. 귀뚜라미는 짝짓기를 하기 위해 우는데, 보통 8월 말에서 10월 중순이 짝짓기를 하는 시기예요. 그래서 우리는 귀뚜라미 울음소리로 가을이 성큼 다가왔다는 걸 알 수 있지요. 귀뚜라미는 종마다 울음소리가 달라서 같은 종끼리 서로 알아볼 수 있대요. 종마다 소리를 내는 앞날개의 모양이 다르기 때문에 울음소리가 다른 거래요.

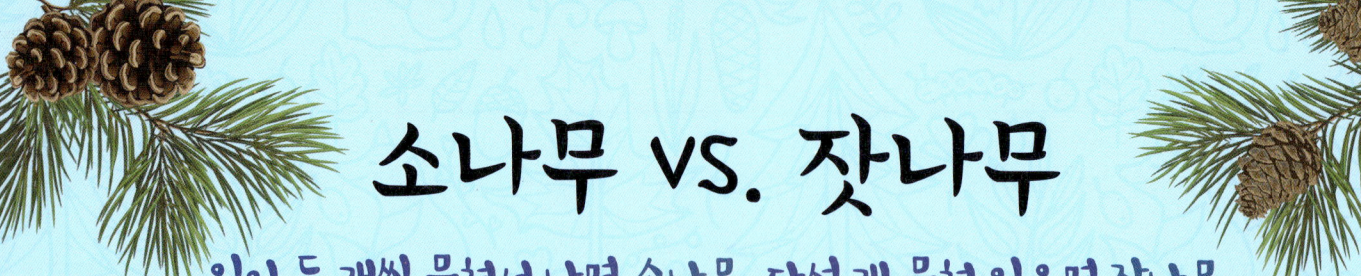

소나무 vs. 잣나무

잎이 두 개씩 뭉쳐서 나면 소나무, 다섯 개 뭉쳐 있으면 잣나무

소나무

소나무는 바늘모양의 잎이 2개씩 뭉쳐나는 것이 특징이에요. 소나무는 암술만 가진 암꽃과 수술만 가진 수꽃이 한 그루에 따로 펴요. 꽃은 5월에 피는데, 수꽃의 노란 꽃가루는 풍선 같은 공기주머니를 가지고 있어서 훨훨 날아 암꽃에게 가서 씨앗을 맺지요. 암꽃은 계란 모양으로 가지 끝에 펴요. 가을이 되면 다 자란 암꽃이 솔방울이 되고, 다 여문 솔방울이 벌어지면 그 속에 있던 날개 달린 씨가 바람에 날려 퍼진답니다.

바로 구분하기
학명 *Pinus densiflora*
크기 높이 35m, 줄기 지름 1.8m
분포지역 우리나라, 중국 북동부, 시베리아 우수리, 일본
특징 소나무는 잎이 두 개씩 뭉쳐나고, 열매에 날개가 있다.

알아두면 좋은 상식

늘 푸른 침엽수의 비밀

소나무나 잣나무처럼 잎이 바늘처럼 뾰족뾰족한 나무를 침엽수라고 불러요. 삼나무, 구상나무, 전나무, 가문비나무, 잎갈나무, 주목 등이 침엽수랍니다. 침엽수는 추위에 강해서 추운 지역에 넓게 숲을 이루며 자라지요. 침엽수가 추위에 강한 이유는 겨울에 잎의 세포에 달콤한 맛이 나는 당분을 많이 저장해서 세포 속 액체의 농도를 높이기 때문이에요. 이렇게하면 어는 온도가 낮아져서 겨울에도 잎이 잘 얼지 않는답니다.

소나무랑 잣나무가 정말 헷갈려요. 제가 보기엔 똑같이 생긴 것 같은데, 어떤 건 소나무고 어떤 건 잣나무라고 해요. 도대체 뭐가 다른 거죠?

인천 E유치원 **최수빈**

잣나무

잣나무도 잎이 바늘모양인데, 소나무와는 달리 잎이 5개씩 뭉쳐나는 것이 특징이랍니다. 잣나무도 암꽃과 수꽃이 한 그루에 따로 펴요. 나무의 위쪽에 자주색의 계란 모양 암꽃이 피고 아래쪽에는 붉은색 수꽃이 피지요.

잣나무의 솔방울은 소나무 보다 크고, 그 속에 기다란 삼각형 모양의 열매인 '잣'이 들어 있답니다. 고소한 맛이 일품인 잣은 음식의 모양을 돋보이게 하고 맛을 더하기 위해 음식 위에 얹는 고명으로 많이 사용해요.

바로 구분하기

학명 *Pinus koraiensis*
크기 높이 20~30m, 줄기 지름 1m
분포지역 우리나라, 일본, 중국 북동부, 시베리아 우수리
특징 잎이 다섯 개씩 뭉쳐나고 날개가 없는 열매가 열린다.

재미있는 속담 이야기

소나무가 무성해지면 잣나무가 기뻐한다.

친구나 자기편의 일이 잘 풀리면 함께 기뻐한다는 의미의 속담이에요. 우리 선조들도 소나무와 잣나무가 무척 비슷하게 생겨서 친구라고 생각한 것이죠.
'소나무가 말라 죽으면 잣나무가 슬피 운다'라는 속담도 있어요. 불행한 일이 생기면 가까운 사람이 서러워하기 마련이라는 뜻이지요. 소나무와 잣나무를 얼마나 가깝게 생각했는지 짐작이 가지요?

콩벌레 vs. 쥐며느리

몸을 말면 콩벌레, 못 말면 쥐며느리

콩벌레

콩벌레는 재미있는 특징이 있어요. 바로 놀라면 몸을 둥글게 마는 것이지요. 그래서 '콩벌레'를 '공벌레'라고 부르기도 해요.

콩벌레의 몸은 머리와 일곱 개의 마디로 된 가슴, 그리고 다섯 마디의 배로 이루어져 있어요. 몸 색깔은 어두운 갈색이거나 회색이고 나무껍질, 낙엽, 돌 밑과 같은 습한 곳에 살아요. 낮에는 어둡고 습한 곳에 숨어 있다가 밤이 되면 나와서 돌아다니면서 곰팡이나 썩은 식물, 동물의 시체 따위를 먹지요. 사람에게는 해를 끼치지 않으니까 무서워하지 마세요!

🔍 **바로 구분하기**
학명 *Armadillidium vulgare*
크기 몸길이 약 14㎜
분포지역 전 세계
특징 몸을 둥글게 말 수 있다.

알아두면 좋은 상식

거대한 콩벌레가 있다? 필 밀리페드

몸을 둥글게 말고 있는 이 거대한 녀석은 무엇일까요? 바로 열대지방에 사는 '필 밀리페드'라는 곤충으로 '노래기'의 일종이랍니다. 한국에도 여러 종류의 노래기가 살고 있어요. 하지만 열대지방의 노래기처럼 크지는 않아요. 노래기는 다리를 13~100쌍 이상을 가지고 있어서 지네와 헷갈리기 쉽답니다. 쥐며느리, 콩벌레, 노래기는 모두 다리가 6개 이상으로 곤충이 아니라 절지동물이라는 점, 꼭 기억하세요.

엄마랑 산에 갔는데 콩벌레가 있었어요. 그런데 엄마는 쥐며느리라고 하시는 거 있죠? 같은 곤충을 콩벌레라고도 하고, 쥐며느리라고 부르기도 하는 건가요? 정말 헷갈려요!

수원 C초등학교 5학년 **김연수**

쥐며느리

쥐며느리는 콩벌레와 생김새, 색깔, 사는 곳까지 다 비슷해요. 식성도 비슷해서 썩기 시작한 식물 등을 먹지요. 하지만 콩벌레와 완벽하게 다른 점이 있어요. 바로 몸 말기! 쥐며느리는 건드려도 몸을 둥글게 말지 않아요. 또한 자세히 보면 생김새도 서로 달라요. 쥐며느리는 콩벌레보다 몸이 더 납작해요. 또한 배의 마디가 다섯 개인 콩벌레와 달리 쥐며느리는 여섯 마디랍니다. 자세히만 살핀다면 구분할 수 있겠죠?

🔍 **바로 구분하기**
학명 *Porcellio scaber*
크기 몸길이 약 11mm
분포지역 전 세계
특징 몸을 말지 못한다.

 재미있는 **속담 이야기**

쥐며느리가 새우아재를 사모하듯.

'아재'는 아저씨의 사투리이고, '사모'는 사랑하는 마음에 그리워 한다는 뜻이에요. 쥐며느리가 아무리 새우를 그리워해 봐야, 쥐며느리는 땅에 살고 새우는 바다에 살기 때문에 결코 만날 수가 없어요. 이처럼 이룰 수 없는 상상이나 상황일 때 사용하는 속담이랍니다.

사슴 vs. 순록

흰 점무늬는 사슴, 무늬가 없으면 순록

사슴

소목 사슴과에 속하는 동물을 통틀어 사슴이라고 불러요. 마치 반달가슴곰, 북극곰, 흑곰, 불곰을 모두 곰이라고 부르는 것처럼 말이죠.

우리나라에 살고 있는 몸에 흰점이 있는 사슴의 이름은 '대륙사슴'이에요. 대륙사슴은 '꽃사슴'이라고도 하지요. 대륙사슴은 여름과 겨울에 털 색깔에 차이가 있는데, 여름에는 밝은 갈색이고 겨울에는 어두운 회갈색을 띤답니다. 암컷과 수컷 모두 뿔이 있는데, 태어난 지 1년이 되지 않은 어린 사슴은 뿔이 없답니다.

🔍 바로 구분하기

정의 소목 사슴과에 속하는 동물을 통틀어 부르는 말
특징 대륙사슴의 경우 몸에 흰 점무늬가 있다.
대륙사슴 분포지역 우리나라, 중국 북동부
대륙사슴 크기 몸길이 150cm, 몸무게 42~90kg

〈대륙사슴〉

'루돌프 사슴 코는 매우 반짝이는 코~♪' 제가 가장 좋아하는 캐롤이에요. 그런데 썰매를 끄는 루돌프가 사슴이 아니라 순록이라는 거 있죠? 사슴과 순록은 같은 동물인가요? 정말 궁금해요!

성남 S초등학교 2학년 **김태진**

순록

캐롤 '루돌프 사슴코'를 정확하게 부르려면 '루돌프 순록 코는 매우 반짝이는 코~♪'라고 불러야 해요. 산타클로스의 썰매를 끄는 루돌프가 바로 순록이니까요. 순록은 북극 지역에 사는 사슴이에요.

캐롤 가사에는 루돌프가 반짝이는 빨간 코를 가졌다고 하지만 실제 순록의 코는 검은색, 갈색, 회색 털로 덮여 있어요. 순록의 몸에는 회갈색 털이 빽빽하게 나 있는데, 이렇게 털이 많기 때문에 북극의 추위를 이길 수 있대요. 순록도 대륙사슴처럼 암컷과 수컷 모두 뿔이 난답니다.

🔍 **바로 구분하기**
학명 *Rangifer tarandus*
크기 몸길이 120~220cm, 무게 60~318kg
분포지역 북극 툰드라지역의 침엽수림
특징 몸에 점무늬가 없고 털이 회갈색을 띤다.

 재미있는 **속담 이야기**

닫는 사슴을 보고 얻은 토끼를 잃는다.

달리는 사슴을 보고 이를 사냥하려다가 이미 잡은 토끼를 놓친다는 의미로, 지나치게 욕심을 부리다가 도리어 손해를 보게 된다는 속담이에요. 사슴은 토끼보다 커서 더 많은 고기와 가죽을 얻을 수 있지만, 크고 빨라서 사냥하기가 쉽지 않아요. 또한 대륙사슴은 현재 멸종위기야생동식물 포유류 1급으로 지정되어 있기 때문에 절대 사냥해서는 안 된답니다.

고라니 vs. 노루

뿔이 없으면 고라니, 세 갈래 뿔이 있으면 노루

고라니

고라니는 중국과 우리나라에만 살아요. 사슴과 동물 중에 암컷과 수컷 모두 뿔이 없는 동물은 고라니뿐이랍니다. 그래서 겉모습만으로도 다른 사슴들과 쉽게 구별할 수 있어요.

수컷 고라니는 뿔 대신 6cm 정도의 큰 송곳니인 '엄니'를 갖고 있어요. 엄니는 코끼리의 앞니나, 멧돼지의 커다란 송곳니처럼 이빨이 크게 발달한 것을 말해요. 다른 수컷 사슴들은 새끼를 낳는 시기가 되면 뿔을 겨루며 싸우고, 이기면 암컷과 짝짓기를 하고 새끼를 낳아요. 고라니는 뿔이 없기 때문에 엄니를 이용해 싸우지요.

🔍 바로 구분하기
학명 *Hydropotes inermis*
크기 몸길이 77~100cm, 몸무게 9~11kg
분포지역 우리나라, 중국 중동부
특징 뿔이 없다. 수컷은 큰 송곳니인 엄니가 있다.

볼 수 없지만 우리나라에 사는 백두산사슴

볼 수는 없지만 우리나라에 사는 사슴이 있어요. 바로 백두산사슴이지요. 왜 볼 수 없냐고요? 이름처럼 백두산 부근에서만 살기 때문에 통일이 되기 전에는 직접 보기 힘들답니다. 백두산사슴은 몸길이가 187cm, 어깨높이는 124cm로 우리나라의 사슴 중 가장 덩치가 커요. 수컷만 뿔이 있으며 몸에는 무늬가 없답니다.

 TV에서 고라니를 봤는데 노루와 정말 닮았더라고요. 둘의 차이를 알려 주세요.

서울 D초등학교 1학년 **오은수**

노루

노루는 우리나라는 물론 중앙아시아와 유럽의 숲이나 풀이 많은 초원지대에서 살아요.

노루는 수컷만 뿔이 있어요. 노루의 뿔은 대개 세 갈래로 갈라져 있는데, 11~12월에 떨어지고 다음해 5~6월이면 새로 난답니다.

암컷 노루는 뿔이 없어서 고라니와 헷갈린다고요? 그럴 땐 엉덩이를 자세히 살펴보세요. 노루 엉덩이에는 하얀색 털이 동그랗게 나 있지만, 고라니의 엉덩이에는 하얀 털이 없기 때문에 뒷모습을 보면 쉽게 구별할 수 있어요.

🔍 바로 구분하기
학명 *Capreolus capreolus*
크기 몸길이 100~120cm, 몸무게 15~30kg
분포지역 우리나라, 중국, 중앙아시아, 유럽
특징 수컷만 세 갈래로 갈라진 뿔이 있다. 엉덩이에 하얀색 털이 동그랗게 나 있다.

 재미있는 **속담 이야기**

노루 제 방귀에 놀란다.

죄를 지으면 노루처럼 쉽게 놀라게 된다는 의미의 속담이에요. 겁이 많고 예민한 노루는 자기 방귀 소리에도 놀랄 정도래요. 비슷한 의미로 '도둑이 제 발 저린다'라는 속담이 있지요. 예민한 노루처럼 깊이 자지 못하고 자주 깨는 잠은 '노루잠'이라고 부른답니다.

원숭이 vs. 침팬지
꼬리가 있으면 원숭이, 없으면 침팬지

원숭이

원숭이는 사람이 아닌 포유류 영장목을 통틀어 부르는 말이에요. 고릴라나 오랑우탄, 침팬지 모두 원숭이라고 할 수 있지만 보통 긴 꼬리를 가지고 있는 종들은 '원숭이', 꼬리가 없으면 '유인원'이라고 한답니다.

우리에게 잘 알려진 일본원숭이 외에도 개코원숭이, 들창코원숭이, 안경원숭이 등 다양한 특징을 가진 많은 종류의 원숭이가 있어요. 원숭이들은 대부분 팔과 꼬리를 이용해 나무를 잘 타고, 주로 나무 위에서 산답니다.

🔍 바로 구분하기
정의 사람이 아닌 포유류 영장목 전체를 부르는 말
특징 꼬리가 있는 종을 주로 원숭이라고 부른다.

알아두면 좋은 상식

침팬지의 어머니, 제인 구달

한때 사람들은 침팬지를 초식동물로 알고 있었어요. 하지만 영국의 동물학자인 제인 구달 박사는 연구를 통해 침팬지가 풀과 고기를 모두 먹는 잡식동물이라는 사실을 밝혀냈어요. 또 사람만 사용할 수 있다고 알려져 있던 도구를 침팬지도 사용한다는 사실을 알아냈지요. 제인 구달 박사는 오랜 시간 침팬지 연구를 하여 동물에게도 감정이 있다는 걸 알아내고, 널리 알리는 역할도 했답니다.

© Tinseltown/Shutterstock.com

도서관에서 침팬지에 관한 책을 봤는데 원숭이와 똑같이 생겨서 놀랐어요. 침팬지와 원숭이는 어떤 점이 다른 건가요?

대구 J초등학교 6학년 **김훈**

침팬지

침팬지는 유인원 중 하나로, 검거나 짙은 갈색의 털이 나있고 꼬리가 없어요. 침팬지는 20~80마리가 무리를 이루어 함께 살아가는 동물이랍니다.

침팬지는 사람과 비슷한 부분이 많은데, 얼굴에 털이 적어서 특히 사람과 많이 닮아 보여요. 도구를 사용하는 점도 사람과 비슷한 특징 중 하나예요. 먹이를 먹거나 적을 공격할 때 도구를 쓰거든요. 기다란 나뭇가지를 구멍에 넣어 개미를 잡아먹거나, 돌을 이용하여 딱딱한 껍질이 있는 견과류를 깨뜨려 먹기도 해요. 정말 영리하지요?

바로 구분하기
학명 *Pan troglodytes*
크기 몸길이 수컷 77~92cm, 암컷 70~85cm, 몸무게 수컷 약 40kg, 암컷 약 30kg
몸의 빛깔 검은색 또는 갈색
분포지역 서아프리카의 시에라리온, 가이아나 아래부터 탕가니카호까지 분포
특징 꼬리가 없다.

 재미있는 **속담 이야기**

원숭이도 나무에서 떨어진다.

원숭이는 손뿐만 아니라 발과 꼬리로도 나뭇가지를 잡고 매달릴 수 있어요. 또 앞다리가 뒷다리보다 길어서 앞다리를 쭉 뻗어 이 나무에서 저 나무로 쉽게 옮겨 다닌답니다. 원숭이는 그야말로 나무타기의 명수예요. 하지만 원숭이도 실수를 해서 나무에서 떨어질 때가 있어요. 이처럼 아무리 잘하고 익숙한 일이라도 실수할 수 있으니 조심해야 한다는 뜻의 속담이랍니다.

고릴라 vs. 오랑우탄
땅에 살면 고릴라, 나무 위에는 오랑우탄

고릴라

고릴라는 중부 아프리카에서 사는 유인원이에요. 다 큰 수컷 고릴라의 키는 최대 200cm 정도이고, 떡 벌어진 어깨와 단단한 가슴팍을 가졌어요. 몸무게도 최대 275kg까지 나간답니다. 암컷은 이보다 작은 편으로 몸무게가 70~140kg 정도예요.

고릴라는 몸에 비해 팔이 짧아서 나무를 잘 타지 못하고 주로 땅 위에서 살아요. 흥분하면 뒷발로 서서 이빨을 드러내고 가슴을 두드리는 습성이 있어서 영화나 소설에서 난폭한 동물로 나오는 경우가 많지요. 하지만 사실은 식물만 먹는 초식동물로, 성격도 온순하답니다.

바로 구분하기
학명 *Gorilla gorilla*
크기 수컷 몸길이 170~200cm 몸무게 135~275kg
암컷 몸길이가 150cm 몸무게 70~140kg
몸의 빛깔 검은색이나 갈색
분포지역 아프리카 열대우림
특징 오랑우탄보다 크다, 몸에 비해 팔이 짧다, 주로 땅 위에서 산다.

알아두면 좋은 상식

수화하는 고릴라 '코코'

놀랍게도 수화를 할 수 있는 고릴라가 있대요. 바로 '코코'랍니다. 코코는 미국 캘리포니아 고릴라재단의 페니 패터슨 박사에게 2000여 개의 수화를 배웠는데, '배가 고파요'와 같은 간단한 말부터 '슬픔'과 같은 감정을 나타내는 단어도 말할 수 있다고 해요. 수화로 '이가 아프다'는 말을 해서 치료를 받기도 했대요. 코코를 통해 사람들은 고릴라가 얼마나 영리한 동물인지 알게 되었답니다.

제 가방에는 고릴라 인형이 달려 있어요. 그 인형을 보다가 문득 오랑우탄이 떠오르더라고요. 고릴라와 오랑우탄의 차이점이 무엇인가요?

부산 H초등학교 6학년 **고빈우**

오랑우탄

오랑우탄은 인도네시아의 보르네오 섬과 수마트라 섬에서만 사는 유인원이에요. 동글동글한 얼굴과 가늘고 긴 붉은색 털이 특징이지요. 오랑우탄은 고릴라보다 키가 작고 몸집도 그리 크지 않아요. 수컷의 평균 키는 150cm, 암컷은 120cm 정도지요. 하지만 섰을 때 발목까지 닿을 정도로 팔이 길답니다. 이 긴 팔로 나무 사이를 건너다니며, 주로 나무 위에서 생활해요. 오랑우탄이 좋아하는 먹이는 숲에서 나는 나무 열매지만, 가끔 곤충이나 새알을 먹기도 한대요.

바로 구분하기
학명 보르네오오랑우탄 *Pongo pygmaeus*, 수마트라오랑우탄 *Pongo abelii*
크기 수컷 몸길이 150cm 몸무게 60~90kg, 암컷 몸길이 120cm, 몸무게 40~50kg
몸의 빛깔 붉은빛을 띤 갈색
분포지역 인도네시아의 보르네오섬과 수마트라섬의 열대우림의 나무 위
특징 고릴라보다 작다. 몸에 비해 팔이 길다. 주로 나무 위에서 산다.

알아두면 좋은 상식

고릴라와 오랑우탄을 알린 과학자

'다이앤 포시'와 '비루테 갈디카스'라는 이름을 들어본 적 있나요? 제인 구달과 비슷한 시기에 다이앤 포시는 고릴라를, 비루테 갈디카스는 오랑우탄을 연구했어요. 제인 구달과 다이앤 포시, 비루테 갈디카스는 연구만 한 것이 아니라 생명의 소중함을 세상에 알리기 위해 노력했어요. 그녀들의 노력 덕분에 침팬지와 고릴라, 오랑우탄이 멸종하지 않았다고 해도 과언이 아니랍니다.

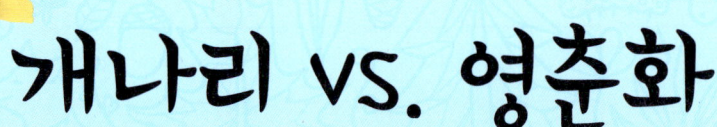

개나리 vs. 영춘화

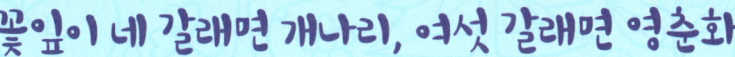

꽃잎이 네 갈래면 개나리, 여섯 갈래면 영춘화

개나리

개나리는 우리나라 어디서나 볼 수 있는 식물이에요. 물푸레나무과에 속하는 개나리는 3~4월에 샛노란 꽃이 줄기에 딱 붙은 듯한 모습으로 피고, 나중에 가장자리가 톱날처럼 삐쭉삐쭉한 잎이 서로 마주 본 형태로 돋아나요. 꽃잎이 네 갈래로 갈라져 길쭉하게 뻗은 것도 개나리의 특징이에요. 또 개나리는 줄기가 아래로 늘어진답니다.

개나리의 열매는 9월에 열리는데, 개나리 열매 껍질에는 세균을 죽이는 성분이 있어서 약으로도 쓰인대요.

🔍 **바로 구분하기**

학명 Forsythia koreana
원산지 우리나라
크기 나무 높이 약 3m
특징 꽃잎이 네 갈래로 갈라져 길쭉하게 뻗어 있다.

알아두면 좋은 상식

봄꽃은 잎보다 성급하다?

개나리나 영춘화는 잎보다 꽃이 먼저 피는 식물이에요. 진달래나 벚꽃도 잎보다 꽃이 먼저 피어나지요. 봄꽃들이 잎보다 꽃을 먼저 피우는 이유는 다른 꽃과의 경쟁에서 이기기 위해서예요. 봄꽃들은 대개 다른 계절의 꽃보다 작고, 꿀도 적어요. 그래서 크고 꿀이 많은 꽃과 함께 피면 꽃가루를 옮겨 주는 곤충들이 다가오지 않을 지도 몰라요. 봄꽃은 경쟁에서 살아남기 위해 다른 꽃들보다 먼저 펴서 벌과 같은 곤충을 부르는 것이랍니다.

봄이 되니 아파트 화단에 노란 꽃이 피었어요. 저는 개나리라고 생각했는데 아빠가 영춘화라고 하시네요. 개나리와 영춘화는 어떻게 다른가요?

성남 S초등학교 3학년 **김경태**

영춘화

영춘화도 개나리처럼 이른 봄에 노란 꽃을 피우기 때문에 서로 헷갈리기 쉬워요. 영춘화도 개나리와 같은 물푸레나무과 식물이에요. '영춘화(맞을 영迎, 봄 춘春, 꽃 화花)'라는 이름은 '봄을 맞이한다.'는 뜻으로 붙여진 거래요. 일본에서는 이른 봄에 피는 매화꽃처럼 빨리 핀다 하여 '황매'라고 이름 붙였대요.

영춘화를 자세히 보면 개나리와 그 모양이 다르다는 걸 알 수 있어요. 영춘화는 꽃잎이 여섯 갈래이고 끝도 둥글거든요. 잎도 개나리와 달리 가장자리가 매끈하답니다.

바로 구분하기

학명 *Jasminum nudiflorum*
원산지 중국
크기 나무 높이 약 3m
특징 꽃잎이 여섯 갈래로 갈라져 있고 끝이 둥글다.

재미있는 **속담 이야기**

봄꽃도 한때.

봄이 되면 꽃들은 서로 경쟁하듯이 아름답게 꽃봉오리를 틔워요. 그런데 아무리 활짝 피었던 봄꽃이라도 계절이 지나면 시들어서 떨어지기 마련이지요. 이처럼 재산이나 권력도 봄꽃처럼 일시적인 것이어서, 때가 지나면 사라진다는 의미의 속담이에요. 비슷한 뜻으로 '열흘 붉은 꽃이 없다', '달도 차면 기운다'라는 속담이 있어요.

벚꽃 vs. 매화
별모양 꽃받침은 벚꽃, 둥근 꽃받침은 매화

벚꽃

벚꽃이 피는 벚나무는 높이가 20m에 달하는 장미과 식물이에요. 4~5월에 흰색 또는 연분홍색 꽃이 화려하게 피어, 곳곳에서 벚꽃 축제가 열린답니다. 우리나라에서는 서울의 여의도와 경남 진해의 벚꽃 축제가 유명해요.

벚꽃을 자세히 보면 둥그런 타원형 꽃잎 끝 부분에 오목하게 홈이 파인 것을 볼 수 있어요. 꽃받침은 좁고 뾰족하게 다섯 갈래로 이루어져, 별 모양으로 보이지요. 꽃이 달린 꽃자루가 2cm 정도로 긴 것도 특징이에요. 벚꽃이 지고나면 빨간 버찌 열매가 열려요.

🔍 바로 구분하기
학명 *Prunus serrulata var. spontanea*
크기 나무 높이 약 20m
분포지역 우리나라, 중국, 일본
특징 꽃잎 끝 부분에 오목하게 홈이 파여 있다. 꽃받침은 좁고 뾰족한 다섯 갈래의 별 모양이다. 꽃자루는 2cm 정도로 길다.

📖 알아두면 좋은 상식

벚꽃, 매화, 살구꽃. 앞뒤로 보면서 구분하기

살구꽃도 벚꽃이나 매화와 무척 헷갈리게 생겼어요. 살구꽃은 특히 매화와 무척 비슷하게 생겼는데, 둥그런 꽃잎, 짧은 꽃자루, 도드라져 보이는 수술 등 매화와 같은 특징을 가졌어요. 하지만 꽃받침을 보면 매화와 확실하게 구분할 수 있어요. 매화는 꽃받침이 둥근 모양으로 생겼고, 살구꽃은 뒤로 활짝 젖혀져 있지요. 벚꽃의 꽃받침은 별 모양이랍니다.

얼마 전 가족끼리 산에 올라갔어요. 그런데 추운 날씨에도 벚꽃이 활짝 핀 거예요. 전 기쁜 나머지 "아빠, 엄마! 벚꽃이에요!"라고 했는데 아빠께서 그 꽃은 벚꽃이 아니라 매화라고 하셨어요. 분명 벚꽃 같았는데…. 벚꽃과 매화는 도대체 어떻게 다른가요?

고양 G초등학교 2학년 **박준하**

매화

매화가 피는 매화나무는 높이 5~10m의 장미과 식물로, 열매 이름을 따 '매실나무'라고도 불러요. 초봄에 피는 매화는 꽃잎이 붉은색, 흰색 등 다양하지요. 이 중 흰매화는 벚꽃과 비슷하게 생겨서 헷갈리기 쉬워요. 하지만 자세히 보면 매화는 꽃잎과 꽃받침이 모두 둥근 모양이에요. 또 수술이 길고 많아서 도드라져 보이고, 꽃자루가 짧아서 꽃이 가지에 딱 붙어 피는 것처럼 보인답니다.

매화가 지고나면 열리는 매실은 설탕을 넣고 숙성시켜 매실액을 만들거나 소금에 절여 장아찌를 만들어 먹어요.

바로 구분하기
학명 *Prunus mume*
크기 나무 높이 5~10m
분포지역 우리나라, 일본, 중국
특징 꽃잎과 꽃받침이 둥근 모양이다. 꽃자루가 짧아서 가지에 딱 붙어 있는 것처럼 보인다.

재미있는 속담 이야기

똥 싸고 매화타령 한다.

옛날에는 왕의 똥을 '매화'라고 불렀대요. 왕이 쓰는 변기는 '매화틀'이라고 불렸고요. 똥을 매화라고 할 만큼, 왕을 우러러본 것이지요. 이 속담은 왕도 아니면서 자기 똥을 매화라고 하는 것처럼, 부끄러운 행동을 하고서도 오히려 잘난 척하는 것을 나무랄 때 사용하는 속담이랍니다.

치타 vs. 표범

까만 점은 치타, 까만 테두리에 갈색 무늬는 표범

치타

치타는 육지에 사는 동물 중 가장 빠른 동물로 알려져 있어요. 달리기왕 치타가 가장 빨리 달릴 때는 속력이 무려 시속 130km나 되거든요. 또 속도를 재빨리 높이는 것도 치타의 특징이에요. 단 2초 만에 시속 75km 까지 속력을 올리지요. 치타가 이렇게 잘 달릴 수 있는 건 날씬한 몸과 긴 다리, 작은 얼굴을 갖고 있기 때문이에요.

치타의 몸에는 지름이 2~3cm 정도 되는 까만 점이 있어요. 또 눈 안쪽에 눈물자국처럼 보이는 검은색 줄무늬가 특징이랍니다.

🔍 바로 구분하기

학명 *Acinonyx jubatus*
크기 몸길이 약 150cm, 꼬리길이 약 80cm, 몸무게 45~75kg
분포지역 사하라 사막 남쪽 아프리카 및 시리아, 아라비아와 인도 북부
특징 지름이 2~3cm 정도 되는 까만 점이 있다.
눈 안쪽에 눈물자국처럼 보이는 검은색 줄무늬가 있다.

알아두면 좋은 상식

우리도 헷갈린다고? 재규어와 퓨마

치타, 표범과 비슷하게 생긴 고양잇과 동물이 또 있어요. 바로 재규어와 퓨마죠. 재규어는 표범과 거의 같은 모습이지만 자세히 보면 몸에 있는 무늬가 달라요. 까맣고 각진 테두리 안에 까만 점이 찍혀 있는 모양의 무늬이지요. 퓨마는 몸에 무늬가 없고 귀 모양이 둥근 게 특징이에요.

〈재규어〉

〈퓨마〉

 TV에서 표범과 치타를 봤는데 똑같이 생겨서 구별하기가 어려웠어요.

부산 S초등학교 3학년 **장세한**

표범

표범은 달리기, 수영, 높이뛰기 모두 잘해요. 달리는 속도는 보통 시속 58km 정도로, 치타보다는 느려요. 하지만 점프력이 대단하답니다. 한 번 점프하면 어른 키를 훌쩍 넘는 3m씩 뛰어오를 수 있거든요. 또 표범은 어깨뼈에 붙어 있는 근육이 발달해서 나무에 잘 오를 수 있어요. 표범은 머리와 발목, 배 부분에 치타처럼 검은색 점무늬를 갖고 있지만, 이 세 부분을 제외하고는 까만색 테두리에 둘러싸인 갈색 무늬를 갖고 있기 때문에 무늬를 잘 살피면 치타와 쉽게 구분할 수 있답니다.

🔍 바로 구분하기

학명 *Panthera pardus*
크기 몸길이 120~160cm, 꼬리길이 85~110cm
몸무게 40~70kg
분포지역 아프리카, 중앙 아시아, 인도, 미얀마, 스리랑카, 말레이시아, 중국
특징 머리와 발목, 배 부분을 제외하고 검은 테두리에 둘러싸인 갈색 무늬가 있다.

모기 vs. 각다귀

덩치가 크면 각다귀, 각다귀는 피를 빨지 않아!
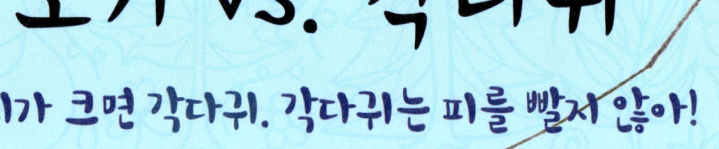

모기

모기는 모기과의 곤충을 통틀어 부르는 말이에요. 지구상에는 약 3500종의 모기가 있는 것으로 알려져 있는데, 우리나라에는 56종의 모기가 있어요. 모기는 알을 낳는 데 필요한 영양분을 얻기 위해 피를 빨아 먹어요. 그래서 암모기만 사람이나 동물들을 물지요. 수모기는 꽃의 꿀, 식물의 즙 같은 것을 먹고 살아요.

모기에게 물리면 간지러운 이유는 무엇일까요? 그 이유는 모기가 물 때 피가 굳지 않게 하고 핏줄을 넓히는 물질을 사람 몸에 넣기 때문이에요. 사람들은 이 물질에 알레르기를 일으켜 피부가 붓고 간지러운 거랍니다.

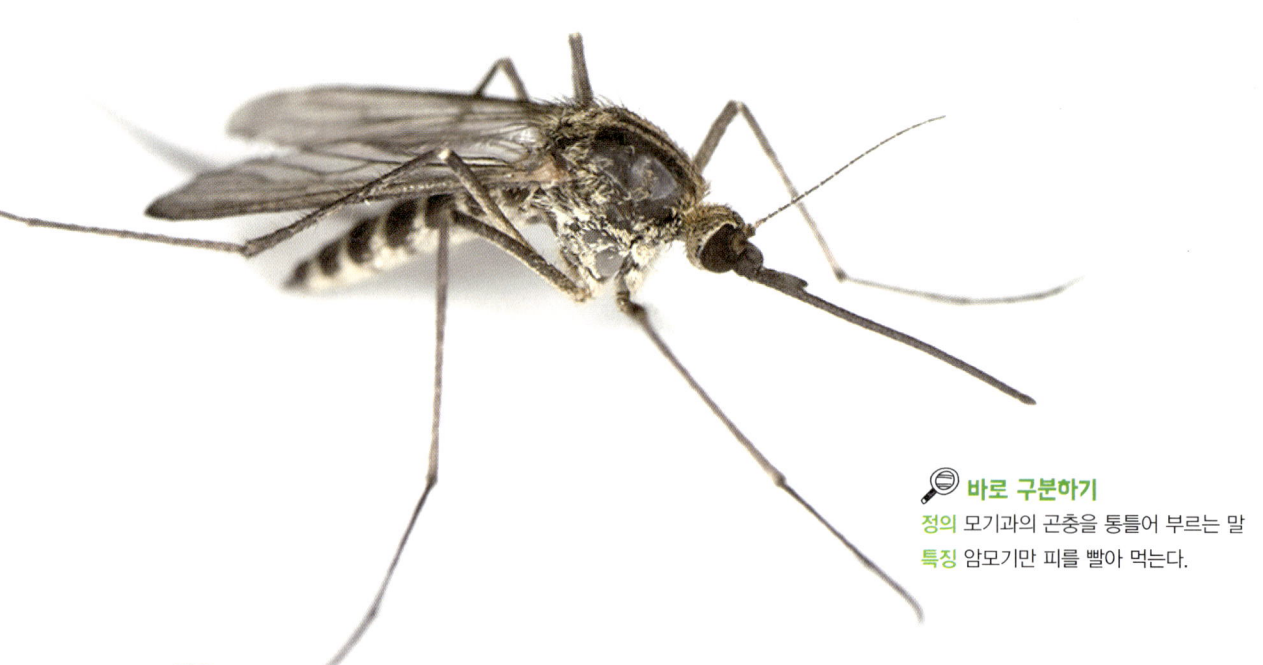

🔍 **바로 구분하기**
정의 모기과의 곤충을 통틀어 부르는 말
특징 암모기만 피를 빨아 먹는다.

알아두면 좋은 상식

세상에서 가장 무서운 동물은 모기!

세상에서 가장 무서운 동물이 모기라면 믿을 수 있나요? 그 이유는 모기 때문에 병에 걸려 사망하는 사람이 그 어떤 동물로 사망하는 사람보다 많기 때문이에요. 모기에 물리면 다양한 병에 걸릴 수 있는데, 모기가 옮기는 대표적인 병은 뇌염과 말라리아, 뎅기열 등이 있어요. 최근 화제가 되고 있는 지카바이러스도 모기가 옮긴답니다. 세계보건기구의 자료에 따르면 2015년에 모기 때문에 병에 걸린 사람은 2억 명이 넘고, 사망한 사람은 72만 명이 넘는다고 해요.

> 캠핑장에 놀러가서 화장실에 들어갔는데 무시무시하게 큰 모기가 있는 거예요. 아빠한테 이야기 했더니 모기가 아니라 각다귀라고 하시더라고요. 혹시 괴물 모기 아닌가요? 대체 모기와는 무엇이 다른 건가요?
>
> 용인 G초등학교 6학년 **장동주**

각다귀

각다귀 역시 각다귀과의 곤충을 모두 부르는 말이에요. 각다귀는 모기와 비슷하게 생겼지만 몸집이 커서 괴물모기로 많은 사람들이 착각 하지요.

우리나라에는 28종의 각다귀가 사는데, 몸집이 가장 큰 장수각다귀는 크기가 34mm나 된대요.

각다귀는 몸과 다리가 모기보다 긴 반면, 피를 빨지 않기 때문에 주둥이가 모기보다 짧아요. 빠르게 나는 모기와 달리 천천히 날아다니는 것도 각다귀와 모기의 차이점이랍니다.

바로 구분하기
정의 각다귀과의 곤충을 모두 부르는 말
특징 몸집이 모기보다 크고 암컷과 수컷 모두 피를 빨지 않는다.

재미있는 속담 이야기

모기도 모이면 천둥소리 난다.

모기가 '앵앵'거리며 날아가는 소리를 들어본 적 있나요? 이 속담은 아무리 작은 모기 날갯소리라도 모이면 천둥소리처럼 크게 들릴 수 있다는 뜻으로, 힘없고 미약한 것도 많이 모이면 큰 힘을 낼 수 있다는 말이에요.

모깃소리의 정체는 모기가 날개를 움직일 때 나는 소리예요. 모기는 날개를 1초에 200~900번이나 움직이는데, 이때 날개가 공기에 부딪히면서 소리가 난답니다.

메뚜기 vs. 여치

더듬이가 짧고 굵은 메뚜기, 길고 가느다란 여치

메뚜기

메뚜기는 메뚜기과에 속한 곤충들을 통틀어 부르는 말이에요. 메뚜기는 종류가 아주 많고, 생김새도 다양해요. 전 세계에는 2만여 종의 메뚜기가 있으며, 우리나라에는 200여 종이 산다고 해요.

우리가 흔히 아는 벼메뚜기는 더듬이가 여치보다 짧고 굵으며, 몸통이 통통하고 길쭉해요. 또 풀만 먹고 사는 초식성으로 턱이 작으며, 알을 낳는 기관인 산란관이 짧아서 잘 안 보인답니다. 햇볕이 강한 들판을 좋아하고 주로 낮에 활동하기 때문에 논이나 들판에서 쉽게 볼 수 있어요.

🔍 바로 구분하기

정의 메뚜기과의 곤충을 통틀어 부르는 말
특징 여치보다 더듬이가 짧고 굵다.
풀만 먹고 사는 초식성으로 턱이 작다.
산란관이 짧아서 잘 안 보인다.
활동 주로 낮에 활동한다.

📖 알아두면 좋은 상식

무시무시한 해충, 메뚜기

메뚜기는 어찌 보면 귀엽게 생겼지만 벼나 채소, 과일 등을 갉아먹어 농사에 큰 해를 입히는 해충이에요. 아시아와 아프리카 사막 지역에서는 메뚜기가 떼로 나타나 농작물을 먹어치워 큰 골치랍니다. 특히 사막메뚜기는 1000억 마리까지 무리를 지어 하루에 자기 몸무게의 2배나 되는 식물을 먹어치울 정도래요. 우리나라도 신라 시대와 조선 시대에 메뚜기 떼의 습격을 받았다는 기록이 있어요.

사촌 언니랑 TV를 보는데 메뚜기가 나오길래 자신 있게 '메뚜기네!'라고 했어요. 그런데 곧 '먹이를 찾고 있는 여치'라는 설명이 나와 민망했어요. 도대체 여치와 메뚜기는 어떻게 다른 거죠?

수원 Y초등학교 5학년 **이윤철**

여치

여치과의 곤충을 모두 여치라고 불러요. 우리나라에는 15종의 여치가 살지요.

여치는 메뚜기와 비슷하게 생겼지만 귀뚜라미에 더 가까운 곤충이에요. 메뚜기에 비해 색이 연하고, 더듬이가 길며 가늘어요. 또 몸통이 통통하고 짧답니다.

여치는 메뚜기와는 달리 다른 곤충을 잡아 먹는 육식성으로 턱이 크며, 암컷은 알을 낳는 산란관이 길게 뻗어 나와 아주 잘 보여요.

수컷은 앞날개를 비벼서 '찌르르' 소리를 내지요. 메뚜기와 달리 주로 밤에 활동한답니다.

바로 구분하기
정의 여치과의 곤충을 통틀어 부르는 말
특징 더듬이가 길고 가늘다. 다른 곤충을 잡아 먹는 육식성으로 턱이 크다. 암컷은 산란관이 길게 뻗어 나와 잘 보인다.
활동 주로 밤에 활동한다.

산란관

재미있는 **속담 이야기**

흉년 메뚜기다.

메뚜기는 벼를 먹고 살아요. 그런데 흉년이 들면 벼가 말라서 메뚜기들도 먹을 것이 부족해요. 이 속담은 흉년에 제대로 먹지 못해 메뚜기가 죽어가듯이, 제대로 먹지 못해 거의 다 죽어가는 모습이나 불쌍한 처지를 일컫는 말이에요. 비슷한 속담으로는 '목에 거미줄 치다'가 있어요.

헷갈려! 동물과 식물

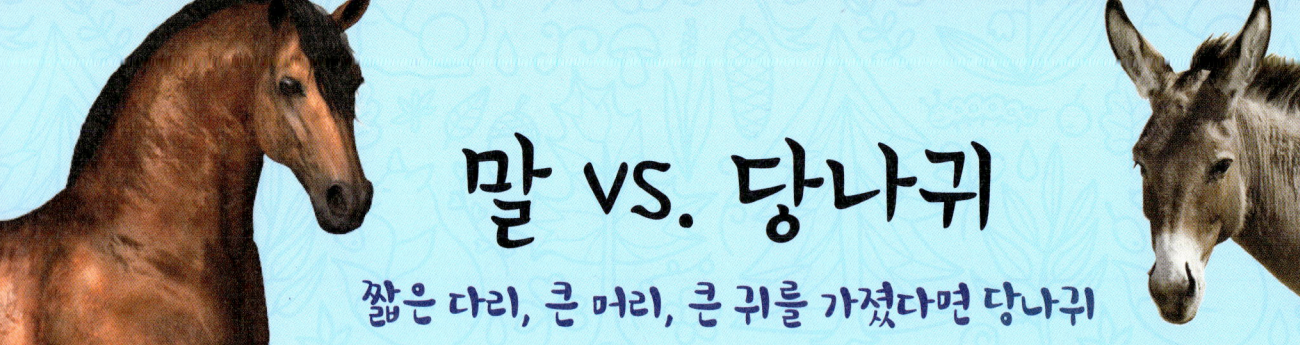

말 vs. 당나귀
짧은 다리, 큰 머리, 큰 귀를 가졌다면 당나귀

말

말은 빨리 달리는 데에 딱 맞는 긴 다리와 긴 목을 타고 났어요. 그래서 자동차가 없던 시절에는 말이 중요한 이동 수단이었지요. 말은 뒷다리에 근육이 많아서 큰 힘을 낼 수 있고, 그 덕에 빨리 달릴 수 있어요. 평균 시속이 70km라고 하니, 정말 대단하죠?

다 자란 말은 머리에서 엉덩이까지 길이가 약 200cm이고, 몸무게는 350~700kg 정도예요. 털색은 갈색이나 흰색, 검은색 등 다양하답니다.

바로 구분하기
학명 *Equus caballus*
크기 몸길이 200cm, 몸무게 350~700kg
분포지역 온대지방의 산과 들
특징 당나귀보다 큰 몸집과 긴 다리를 가졌다. 몸이 당나귀보다 근육질이다.

알아두면 좋은 상식

말 + 당나귀 = 노새

노새는 당나귀 수컷과 말 암컷 사이에서 태어났어요. 그래서 재미있게도 학명이 당나귀 수컷 곱하기 말 암컷으로, 'Equus asinus(♂)×Equus caballus(♀)'라고 표시한답니다. 노새는 크기가 말처럼 크지만, 생김새나 특징은 당나귀와 더 닮았어요. 당나귀처럼 몸이 튼튼해서 아무거나 잘 먹고, 어떤 환경에도 잘 적응하지요.

가족끼리 제주도에 놀러갔는데 농장에 당나귀가 있는 거예요! 신이 나서 "당나귀다!"라고 외쳤는데 엄마께서 말이라고 하셨어요. 말과 당나귀의 차이점은 무엇인가요?

광주 N초등학교 5학년 **이현아**

당나귀

당나귀는 옛날부터 무거운 짐을 옮기는 일을 많이 했어요. 당나귀는 말보다 몸집은 작지만 힘이 아주 세고 오랫동안 걸어도 쉽게 지치지 않거든요. 게다가 물이 부족하거나 추운 환경에서도 잘 살고, 병도 잘 걸리지 않아요.

다 자란 당나귀는 머리에서 엉덩이까지 길이가 평균 150cm이고 몸무게는 300kg 정도로 말에 비하면 몸집이 작답니다. 당나귀는 몸집에 비해 다리가 짧고, 머리가 크며, 큰 귀를 가졌어요. 또한 말에 비해 몸이 동글동글하여 귀엽답니다.

바로 구분하기
학명 *Equus asinus*
크기 몸길이 140~150cm, 몸무게 350~400kg
분포지역 아프리카, 아시아, 남아메리카, 유럽, 러시아, 미국
특징 말에 비해 몸집이 작다. 다리가 짧고 머리가 크며, 큰 귀를 가졌다.

재미있는 속담 이야기

콩 실은 당나귀가 우쭐대면 껍질 실은 당나귀도 우쭐댄다.

당나귀는 콩을 아주 좋아해요. 당나귀가 등에 자기가 좋아하는 콩을 실어 옮기면서 곧 콩을 먹을 생각에 기분이 좋아 우쭐대는데, 그 모습을 보고 자랑할 것도 없는 껍질 실은 당나귀도 덩달아 우쭐된다면 웃음거리가 되겠지요? 이처럼 아무런 자랑거리도 없으면서 우쭐대는 사람을 놀릴 때 하는 속담이랍니다.

거위 vs. 오리

부리에 혹이 있으면 거위, 없으면 오리

거위

거위는 오리과의 야생기러기를 길들여 집에서 키우게 된 동물이에요. 아무거나 잘 먹고 병에 잘 걸리지 않는 튼튼한 동물이라 쉽게 키울 수 있답니다. 거위는 낯선 사람을 보면 큰 소리로 울고, 밤눈도 밝아서 개 못지않게 집을 잘 지킬 수 있어요.

흔히 흰색 거위를 많이 볼 수 있는데, 실제로 거위는 갈색, 검정색, 회색 등 색깔이 다양해요. 거위와 오리를 쉽게 구분하는 방법은 부리에 있는 혹을 확인하면 돼요. 오리는 부리가 매끈하지만 거위는 부리 위쪽에 혹이 툭 튀어나와 있어요.

바로 구분하기
- **학명** *Anser domesticus*
- **분포지역** 전 세계
- **수명** 40~50년
- **특징** 부리에 혹이 있다.

알아두면 좋은 상식

거위와 오리의 간으로 만든 음식, '푸아그라'

프랑스어로 '푸아그라(foie gras)'는 '살찐 간' 또는 '기름진 간'을 의미해요. 프랑스 사람들이 즐겨먹는 거위의 기름진 간을 말하지요. 푸아그라 요리에는 일반적으로 자란 오리나 거위의 간이 아니라, 거위나 오리에게 강제로 사료를 많이 먹여서 간의 크기를 크고 기름지게 만든 것을 사용해요. 이 때문에 푸아그라를 먹는 것은 논란거리예요. 일종의 동물 학대로 보고 푸아그라 요리를 먹기 거부하거나, 판매를 금지하자고 주장하는 사람들도 있답니다.

〈푸아그라로 만든 요리〉

뉴스를 보니 조류독감에 걸린 오리가 나오더라고요. 그런데 할머니 댁에서 보던 거위랑 비슷하게 생겨서 헷갈려요! 거위랑 오리, 어떻게 다른가요?

홈스쿨링 3학년 **최소윤**

오리

오리는 오리과의 새 중에서 고니나 기러기 등을 뺀 몸집이 작은 새를 모두 이르는 말이에요. 오리과에는 140여 종이 있는 것으로 알려져 있지요.

우리가 흔히 집에서 키우는 오리는 '집오리'라고 불러야 더 정확해요. 집오리는 야생 청둥오리를 사람이 길들여 집에서 키우게 된 거지요. 집오리 역시 흰색을 많이 볼 수 있지만 갈색, 검정색, 회색 등 다양한 색의 오리가 있답니다.

오리는 거위와 달리 부리에 혹이 없어요. 또 거위보다 몸집이 조금 작아요.

바로 구분하기

〈집오리〉
학명 *Anas platyrhynchos var. domestica*
분포지역 전 세계
수명 20년
특징 부리에 혹이 없다.

 재미있는 속담 이야기

오리 새끼는 길러 놓으면 물로 가고, 꿩 새끼는 산으로 간다.

오리는 물에 살기 적합한 생김새예요. 발에 물갈퀴가 있어서 헤엄을 잘 치고, 꼬리부분에 기름샘이 있어서 이 기름을 깃털에 발라 물에 잘 젖지 않게 하지요. 반대로 산에 사는 꿩은 발에 물갈퀴가 없고 산에 살기에 적합한 몸을 가졌어요. 오리가 물로 가고 꿩이 산으로 가는 것은 어떻게 보면 당연한 결과예요. 저마다 타고난 바탕대로 행동한다는 의미가 있는 속담으로, 자식은 다 크면 제 갈 길을 가느라 부모 곁을 떠난다는 뜻도 있답니다.

두꺼비 vs. 맹꽁이
콕콕콕 울면 두꺼비, 맹꽁맹꽁 울면 맹꽁이

두꺼비

개구리목 두꺼비과의 두꺼비는 주둥이부터 엉덩이까지의 몸길이가 6~12cm예요. 몸 전체의 색은 보통 황토색과 갈색이고, 몸통과 다리에 검은색의 무늬가 있지요. 눈 뒤쪽에 있는 귀에는 독이 든 주머니가 있어요. 또 온몸에는 오돌토돌한 작은 돌기가 나 있답니다.

2~3월이면 저수지나 물이 고인 논에 알을 낳고, 이 시기가 지나면 숲 속 그늘진 곳이나 낙엽 밑 등 땅에서 주로 살아요. '콕콕콕, 콕콕콕' 하고 조금 높은 소리를 내며 운답니다.

독 주머니

🔍 바로 구분하기
학명 *Bufo bufo gargarizans*
크기 몸길이 6~12cm
몸의 빛깔 보통 황토색과 갈색, 검은색의 줄무늬가 몸통 옆에 있다.
분포지역 우리나라, 중국, 일본, 몽골
특징 눈 뒤쪽 피부가 불룩하게 튀어나와 있다. 온몸에는 오돌토돌한 작은 돌기가 나 있다. '콕콕콕' 하는 소리를 내며 운다.

알아두면 좋은 상식

참개구리도 헷갈려!

참개구리는 보통 몸이 초록색이어서 쉽게 구별할 수 있어요. 하지만 참개구리가 흙 위로 올라가면 몸의 색이 갈색으로 변해서 맹꽁이나 두꺼비와 헷갈릴 수 밖에 없어요. 참개구리는 두꺼비나 맹꽁이에 비해 뒷다리가 무척 길어서 껑충껑충 뛰어다녀요. 또 주둥이가 뾰족하고 피부가 대체로 매끈하지요.

아빠랑 시골에서 두꺼비를 보았어요. 그런데 아빠께서는 맹꽁이라고 부르지 뭐예요? 생긴 건 둘이 정말 비슷한데…, 도대체 무엇이 다른가요? 헷갈려요~!

순천 W초등학교 5학년 **장영민**

맹꽁이

개구리목 맹꽁이과의 맹꽁이는 주둥이부터 엉덩이까지의 몸길이가 4~6cm로 두꺼비보다 작아요. 맹꽁이는 온 몸에 돌기가 있는 두꺼비에 비해 매끈한 피부를 가졌답니다. 몸 전체의 색은 보통 갈색과 황토색이고 온몸에 검은색의 작은 반점이 있어요.

맹꽁이는 6~8월에 알을 낳아요. 이 때, 수컷들이 암컷을 부르기 위해 한 곳에 모여 합창을 하는데, 그 소리가 '맹꽁맹꽁' 하는 소리로 들린답니다. 그래서 이름이 맹꽁이가 된 거래요.

맹꽁이는 알을 낳는 시기가 아니면 주로 땅 속에서만 지내다 밤에 나와 활동하기 때문에 쉽게 볼 수가 없어요.

바로 구분하기
학명 *Kaloula borealis*
멸종위기등급 2급
크기 몸길이 4~6cm
몸의 빛깔 갈색과 황토색, 노란색과 검은색의 작은 반점이 있다.
분포지역 우리나라, 중국 북동부
특징 두꺼비에 비해 매끈한 피부, 맹꽁맹꽁하고 운다.

재미있는 속담 이야기

맹꽁이 통에 돌 들이친다.

맹꽁이들이 한곳에 모여 맹꽁맹꽁 합창을 하면 그 소리가 너무 커서 잠들기 어려울 정도예요. 그런데 맹꽁이가 있는 곳에 돌을 던지면 맹꽁이들이 놀라 갑자기 울음을 멈추고 조용해지지요. 이처럼 매우 시끄럽게 떠들던 것이 갑자기 조용하게 될 때 사용하는 속담이랍니다. 하지만 요즘은 맹꽁이가 점점 사라져서 울음소리를 듣기가 무척 힘들어요.

헷갈려! 동물과 식물 51

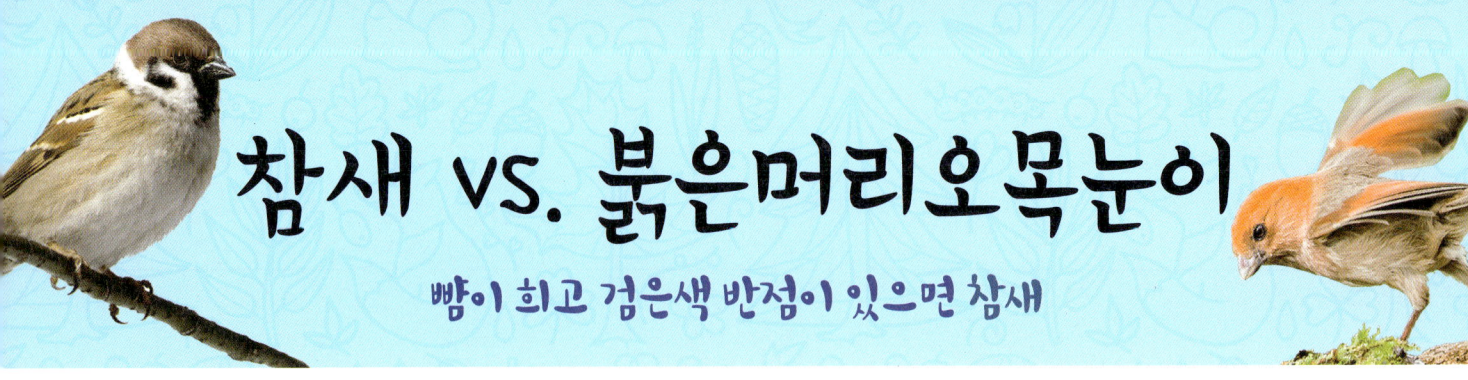

참새 vs. 붉은머리오목눈이

뺨이 희고 검은색 반점이 있으면 참새

참새

참새는 우리나라 모든 지역에서 흔하게 볼 수 있어요. 머리에서 꼬리까지 약 14cm 길이에 등 전체가 갈색 빛이고 깃털마다 검은 얼룩무늬가 있지요. 가슴과 배는 흰색, 옆구리는 연한 갈색이에요. 검은 빛을 띠는 갈색 꼬리와 검은색 부리를 가졌답니다. 또 흰 뺨에 검은색 점이 있는 것이 특징이에요.

참새는 딱정벌레, 메뚜기, 나비와 같은 곤충과 벼, 씨앗 등 식물을 먹고 살아요. 알을 낳는 시기인 따뜻한 봄에는 암컷과 수컷이 함께 생활하고, 가을과 겨울에는 여러 마리가 무리를 지어 날아다닌답니다.

🔍 **바로 구분하기**
학명 *Passer montanus*
크기 몸길이 약 14cm
분포지역 유럽과 아시아 전역
특징 검은색 부리, 흰 뺨에 검은색 반점이 있다.

알아두면 좋은 상식

나도 헷갈리지마! 박새

몸길이가 약 15cm인 박새도 참새와 헷갈리기 쉬워요. 하지만 박새는 검정색 머리에 흰 뺨, 목에서 배 가운데까지 이어진 검정 세로 줄무늬가 있어서 색깔만 잘 살피면 쉽게 구별할 수 있답니다. 숲, 도시의 공원 등에서 곤충과 씨앗을 먹고 살아요.

박새도 무리생활을 하는데, 오목눈이와 함께 무리를 만들어 생활하기도 한답니다. 박새는 '버쯔 버쯔' 소리를 내면서 울어요.

공원에서 작은 새들을 보았어요. 몸이 갈색 빛을 띠어서 참새라고 생각했는데 자세히 보니 참새랑 조금 다르게 붉은 빛을 띠더라고요. 이 새는 무슨 새일까요?

고양 G초등학교 3학년 **박주하**

붉은머리오목눈이

뱁새라고도 부르는 붉은머리오목눈이는 몸길이 약 13cm로 참새와 함께 우리나라에서 흔하게 볼 수 있는 텃새예요. 붉은머리오목눈이는 몸 전체가 붉은 빛을 띠는 갈색이에요. 부리도 갈색인데, 참새 부리와 비교하면 더 짧고 두껍답니다. 풀과 나무가 많은 숲이나 공원에서 무리를 지어 생활해요.

주로 곤충이나 거미류를 잡아먹으며, 꼬리를 좌우로 흔드는 버릇이 있는 것이 특징이에요. 남의 둥지에 알을 몰래 낳기로 유명한 뻐꾸기가 붉은머리오목눈이의 둥지에 몰래 알을 낳는 경우가 많아서 뻐꾸기의 새끼를 키우는 모습이 관찰되기도 하지요.

🔍 **바로 구분하기**

학명 *Paradoxornis webbiana*
크기 몸길이 약 13cm
분포지역 우리나라, 중국, 미얀마
특징 몸 전체가 붉은 빛을 띠는 갈색이다. 부리도 갈색이며, 참새 부리보다 더 짧고 두껍다.

재미있는 **속담 이야기**

참새 그물에 기러기 걸린다.

참새를 잡으려고 쳐놓은 그물에 기러기가 잡힌다는 뜻으로, 정작 노력하는 일은 되지 않고 다른 일이 이루어 질 때 하는 말이에요. 참새보다 훨씬 큰 기러기를 잡은 것이기 때문에 뜻밖의 행운을 뜻하기도 하지요. 그런데 이제는 기러기를 잡으면 안 돼요. 우리나라에서 겨울을 나는 겨울철새인 기러기는 그 수가 점점 줄어들고 있어, 천연기념물 제325호로 지정해 보호하고 있답니다.

고양이 vs. 삵

코가 크고 몸에 검은 반점이 있으면 삵

고양이

고양이는 밤에 활동하는 걸 좋아하고 고기를 먹는 야행성 육식동물이에요. 집에서 키우는 고양이는 아프리카나 유럽에 사는 리비아고양이를 길들인 것이랍니다.

고양이는 대개 몸길이가 30~60cm, 몸무게는 2~8kg 정도이고, 야행성동물답게 밤에도 잘 볼 수 있을 뿐만 아니라 냄새도 잘 맡지요. 또 발톱이 날카롭고 높이 뛸 수 있어서 쥐나 토끼 같은 먹이를 쉽게 사냥할 수 있어요. 눈 위와 뺨, 턱에 나 있는 수염으로 눈을 감고도 먹이의 작은 움직임이나 열을 느낄 수 있답니다.

🔍 바로 구분하기
학명 *Felis catus*
크기 몸길이 30~60cm, 몸무게 2~8kg
특징 삵보다 작은 몸집, 코가 삵보다 작다.

알아두면 좋은 상식

사자와 호랑이는 왜 울음 소리가 다를까?

같은 고양잇과 동물인 사자와 호랑이, 치타와 표범은 왜 울음소리가 다를까요? 독일 알렉산더 쾨니히박물관 연구팀은 27종의 고양잇과 동물의 울음소리를 분석했어요. 그 결과 사자나 치타 같이 사방이 트인 초원에 사는 동물은 굵고 낮은 소리를, 호랑이나 표범처럼 울창한 숲에 사는 동물은 높은 소리를 낸다는 사실을 알아냈지요. 결국 사는 곳이 어딘지에 따라 울음소리가 달라진 거예요.

얼마 전 뉴스에서 과학자들이 서울동물원에서 태어난 삵 다섯 마리를 자연으로 보내 주는 장면을 보았어요. 그런데 그냥 얼룩무늬 고양이처럼 보이더라고요. 고양이와 삵은 어떻게 다른가요?

서울 M초등학교 2학년 **유호정**

삵

흔히 살쾡이라고 부르며, 우리나라에 유일하게 남은 토종 고양잇과 야생동물이에요. 몸길이가 60~90cm, 몸무게가 4~11kg 정도로 고양이보다 더 크지요. 황색이나 황갈색을 띠고 온몸에 검은 반점이 나 있어요. 또 고양이보다 코가 크고, 이마에서 목으로 이어지는 뚜렷한 검은 세로줄무늬가 특징이지요.

삵은 작은 노루나 새를 잡아먹는 뛰어난 사냥꾼이에요. 최근 수가 점차 줄어들면서 멸종위기종으로 지정해서 보호하고 있지요. 그래서 서울대공원 동물원에서 태어난 삵은 야생에서도 먹잇감을 사냥할 수 있게 훈련을 해서 자연으로 돌려보내고 있답니다.

바로 구분하기
학명 *Felis bengalensis euptilura*
크기 몸길이 60~90cm, 몸무게 4~11kg
멸종위기등급 환경부 멸종위기 야생생물 2급
특징 온몸에 검은 반점이 나 있다. 고양이보다 코가 크다.

재미있는 속담 이야기

고양이 간 곳에 쥐 죽은 듯.

고양이 때문에 쥐가 죽은 듯이 조용히 있는 것처럼 겁이 나거나 놀라서 숨을 죽이고 꼼짝 못하는 모습을 일컫는 말이에요. 실제로 쥐는 고양의 울음소리와 냄새를 몹시 무서워한답니다. 그런데 기생충 '톡소플라즈마 곤디'에 감염된 쥐는 고양이를 무서워하지 않는다는 재미있는 연구결과가 있어요. 기생충이 쥐의 뇌를 조종해서 일부러 고양이에게 잡아먹히도록 하는 거랍니다. 기생충이 쥐에서 고양이로 이사를 가기 위해서 그런 작용을 하는 거래요. 정말 신기하죠?

장미 vs. 엘라티오르베고니아

가시가 있는 나무는 장미, 가시가 없는 풀은 엘라티오르베고니아

장미

장미는 우리나라와 같은 온대지방에 널리 사는 식물이에요. 아름답고 향기로운 꽃 때문에 오래 전부터 사랑받았지요.

장미는 줄기에 가시가 있는 나무랍니다. 꽃색은 흰색, 붉은색, 노란색, 분홍색 등 다양해요. 우리나라에서 장미는 보통 5월에서 9월까지 꽃을 피워요. 그런데 중국 야생장미는 사계절 내내 꽃을 피우기도 한대요.

장미는 현재까지 약 7000여 가지의 품종이 있으며, 해마다 200가지 이상의 품종이 새롭게 만들어진답니다. 품종에 따라 꽃의 색은 물론 크기와 꽃잎의 모양이 매우 다양하지요.

바로 구분하기
학명 *Rosa hybrida*
원산지 서아시아
특징 줄기에 가시가 있는 나무

알아두면 좋은 상식

장미와 헷갈리는 동백꽃

동백꽃도 꽃잎이 여러 겹 겹쳐 있어 장미꽃과 비슷해 보여요. 하지만 동백은 10월초에서 3월까지 꽃을 피우기 때문에 장미와 꽃 피는 시기가 달라 쉽게 구분할 수 있어요. 또 꽃 수술이 노랗고 길쭉한 통 모양이라는 점도 다르지요. 동백꽃이 지고나면 열리는 씨는 기름을 짜 동백기름을 만드는데, 예전에는 동백기름을 머리카락에 발라 윤기가 흐르게 했답니다.

친구 집에 갔더니 화분에 예쁜 장미꽃이 피어서 "장미꽃이다" 하고 달려갔어요. 그런데 친구 어머니께서 장미가 아니고 '엘라티오르베고니아'라는 거예요. 장미랑 똑같이 생겼던데, 둘이 어떻게 다른 거죠?

대전 J초등학교 6학년 **이혜리**

엘라티오르베고니아

베고니아는 잎 모양과 꽃 색깔이 다양한 식물이에요. 나무인 장미와는 달리 풀이랍니다. 남아메리카 페루의 안데스산맥 높은 지대에 살고 있는 식물을 다양한 모양으로 재배하여, 현재까지 전 세계적으로 2500여 품종의 베고니아가 있는 것으로 알려져 있어요.

베고니아 중에서도 엘라티오르베고니아는 꽃 모양이 장미꽃과 매우 비슷해요. 그래서 '장미베고니아'라고 부르기도 해요. 엘라티오르베고니아는 실내에서 오랫동안 꽃을 피우는데다 공기를 깨끗하게 해 줘서 집에서 키우는 화초로 인기가 많답니다.

바로 구분하기
학명 *Begonia tuberhybrida*
원산지 페루
특징 줄기에 가시가 없는 풀

재미있는 속담 이야기

장미꽃에는 가시가 있다.

예쁜 장미꽃만 보고 함부로 만지다가는 가시에 손을 찔리기 십상이죠? 이처럼 겉으로는 좋고 훌륭해 보여도 남을 해롭게 할 수도 있으니 조심하라는 뜻의 속담이랍니다. 그런데 신기하게도 가시가 없는 장미가 있어요. 2010년에 우리나라의 경기도농업기술원이 만든 가시가 없는 장미 '필립'이 바로 그 주인공이지요. 장미를 키우는 농민들의 손을 보호하고, 가시 때문에 장미의 잎과 꽃잎이 다치는 일이 없게 하려고 만들었답니다.

헷갈려! 동물과 식물

수달 vs. 해달

주둥이가 튀어나와 있으면 수달, 머리가 둥글둥글하면 해달

수달

족제비과의 수달은 몸길이 60~75cm에 꼬리길이가 40~55cm로, 꼬리가 아주 길어요. 등 쪽은 진한 갈색 털, 배 쪽은 진한 회색 털이 나 있고, 머리 양쪽에서 목 아래까지는 밝은 회색털이 나 있답니다.

수달은 귀와 콧구멍을 막고 물속으로 잠수할 수 있어요. 게다가 몸 전체가 둥글고 네 발에 모두 물갈퀴가 있어서 헤엄도 무척 잘 쳐요. 강이나 바다와 같은 물가에서 사는 수달은 우리나라를 비롯한 세계 곳곳에서 볼 수 있어요. 하지만 수달은 밤에만 활동하기 때문에 직접 보기는 어렵답니다.

🔍 바로 구분하기

학명 *Lutra lutra*
크기 몸길이 60~75cm,
꼬리길이 40~55cm,
몸무게 5.8~10kg
분포지역 유럽, 북아프리카, 아시아
천연기념물 제330호
특징 해달보다 꼬리가 길다.
주둥이가 튀어나와 있다.

알아두면 좋은 상식

나도 헷갈린다고? 비버

비버는 쥐목 비버과에 속하는 동물이에요. 몸길이 60~70cm에 꼬리길이 33~44cm로, 온 몸에 어두운 갈색 털이 나 있지요. 비버의 꼬리는 넓고 둥글며 비늘로 덮여 있어요. 또 지름 30cm 나무를 10분 만에 갉아서 쓰러뜨릴 정도로 앞니가 강하답니다. 나무와 흙, 돌을 이용해 댐을 만드는 동물로도 유명해요. 애니메이션 뽀로로 시리즈의 루피가 바로 비버로 만든 캐릭터랍니다.

학교에서 과학 수업 시간에 동물에 대해 배우고 있어요. 그런데 사진을 아무리 봐도 수달과 해달의 차이점을 모르겠어요. 비버도 비슷하게 생긴 것 같은데…. 너무 헷갈려요~.

서울 K초등학교 5학년 **오은지**

해달

해달도 족제비과에 속해요. 몸길이 70~120cm에 꼬리길이 25~37cm로, 족제비과 동물 중에서 크기가 큰 편이에요.

해달은 보통 진한 갈색 털에 은빛이 나는 회색 털이 섞여 있는데, 노란 빛이나 짙은 회색, 검은색 털을 가진 해달도 있답니다. 해달은 주둥이가 튀어나와 있는 수달과 달리 머리가 둥글둥글해서 쉽게 구분할 수 있어요. 해달은 바다 위에 누워서 앞발에 있는 갈고리 모양의 발톱으로 돌을 들어 조개를 콩콩 쳐서 깨 먹을 수 있어요.

바로 구분하기
학명 *Enhydra lutris*
크기 몸길이 70~120cm, 꼬리길이 25~37cm, 몸무게 15~45kg
분포지역 태평양
특징 꼬리가 수달보다 짧다. 머리와 몸 전체가 둥글둥글하다.

재미있는 속담 이야기

수달이 많으면 고기 씨가 마른다.

이 속담은 수달 같은 강자가 많으면 물고기 같은 약자는 살아남을 수가 없다는 말이에요. 수영을 잘하는 수달은 날카로운 이빨도 가지고 있어서 한마디로 물고기 사냥의 천재라고 할 수 있어요. 수달은 주로 물고기를 잡아 먹을 뿐만 아니라 개구리, 가재, 새, 그리고 쥐 등의 작은 동물도 사냥해서 먹어요.

사슴벌레 vs. 장수풍뎅이
사슴 뿔같은 턱을 가진 사슴벌레, Y자 턱을 가진 장수풍뎅이

사슴벌레

딱정벌레목 사슴벌레과에 속하는 사슴벌레는 수컷의 몸길이가 43~76mm, 암컷은 25~40mm 정도예요. 몸의 색깔은 흑갈색 혹은 적갈색으로, 수컷은 사슴뿔처럼 생긴 '큰턱'을 갖고 있어요. 수컷의 큰턱은 다른 수컷과 싸우거나 암컷에게 과시하기 위해 점점 더 커졌대요. 암컷도 큰턱이 있지만 아주 작지요.

사슴벌레는 애벌레 시절에는 썩은 나무나 흙 속에 살고, 다 자란 성충이 되면 나무 수액을 먹으며 산답니다.

〈사슴벌레 암컷〉

〈사슴벌레 수컷〉

🔍 바로 구분하기
학명 Lucanus maculifemoratus
크기 몸길이 수컷 43~76mm, 암컷 25~40mm
몸의 색깔 적갈색, 흑갈색
분포지역 우리나라, 중국, 일본
특징 수컷은 사슴뿔 모양의 큰턱이 있다.

알아두면 좋은 상식

나는 구별할 수 있겠지? 하늘소

하늘소는 몸이 원통 모양으로 가늘고 길며, 종류에 따라 줄무늬와 반점이 있거나 온몸에 부드러운 털이 있기도 해요. 작은 것은 몸길이가 수 mm정도이고, 큰 것은 15cm나 됩니다. 하늘소는 비슷하게 생긴 다른 곤충에 비해 더듬이가 긴 편인데, 몸길이의 3배나 되기도 해요. 하늘소의 한 종류인 장수하늘소는 우리나라 천연기념물 제218호로 함부로 잡으면 벌을 받게 된답니다.

약수터로 가는 뒷산 나무에서 귀여운 곤충을 발견하고, "장수풍뎅이다!"라고 외쳤어요. 그런데 옆에 가시던 아저씨가 "그건 사슴벌레란다"라고 하시는 거예요. 장수풍뎅이와 사슴벌레는 똑같아 보이는데, 어떻게 다른 거죠?

부산 H초등학교 4학년 **김진영**

장수풍뎅이

딱정벌레목 장수풍뎅이과에 속하는 장수풍뎅이는 수컷과 암컷의 몸길이가 35~80mm로, 같은 종류의 장수풍뎅이라고 해도 몸 크기가 무척 다양해요. 몸 색깔은 사슴벌레와 비슷한 흑갈색 혹은 적갈색이에요.

수컷은 Y 모양의 큰 뿔이 있지만 암컷은 뿔이 없어요. 수컷은 암컷을 차지하기 위해 다른 수컷과 뿔로 싸움을 하는데, 뿔을 다른 수컷의 몸 아래에 넣어 뒤집어서 떨어트려요. 뒤집힌 수컷은 주변의 나무 같은 것을 붙잡고 일어나는데, 붙잡을 것이 없으면 일어나지 못해 죽기도 한대요.

〈장수풍뎅이 수컷〉

〈장수풍뎅이 암컷〉

🔍 바로 구분하기
학명 *Allomyrina dichotoma*
크기 몸길이 35~80mm
몸의 색깔 적갈색, 흑갈색
분포지역 우리나라, 일본, 중국, 인도
특징 수컷은 Y 모양의 뿔이 있다.

알아두면 좋은 상식

사슴벌레와 장수풍뎅이가 싸우면 누가 이길까?

사슴벌레와 장수풍뎅이는 참나무에서 나오는 끈적끈적한 액체를 즐겨 먹어요. 이처럼 사슴벌레와 장수풍뎅이는 같은 먹이를 좋아하기 때문에 서로 자주 싸워요. 장수풍뎅이의 뿔은 나무 위에서 적을 뒤집어 떨어뜨릴 수 있어요. 사슴벌레는 큰턱으로 장수풍뎅이의 목과 가슴 사이 혹은 가슴과 배 사이의 약한 부분을 공격해 두 동강 낼 수 있지요. 장수풍뎅이는 힘이 세지만 적을 죽이지는 못해요. 하지만 사슴벌레는 적을 죽일 수도 있으니, 사슴벌레가 이긴다고 볼 수 있겠죠?

코스모스 vs. 금계국

꽃잎이 길면 코스모스, 짧으면 금계국

코스모스

코스모스는 초롱꽃목 국화과의 한해살이풀이에요. 기다란 줄기 끝에 흰색이나 연분홍색, 분홍색, 자주색, 노란색 등 여러 색깔의 꽃이 핀답니다. 꽃잎 여덟 장이 한 송이를 이루며, 꽃잎의 끝은 톱니바퀴처럼 갈라져 있어요.

코스모스는 봄에 씨앗에서 싹이 나고 여름부터 키가 부쩍 자라다가 초여름인 6월부터 가을인 10월까지 꽃을 피워요. 햇볕이 잘 들고 물이 잘 빠지는 땅이라면 어디서든 잘 자라기 때문에 길가나 강가를 꾸미기 위해 많이 심는답니다.

🔍 바로 구분하기
학명 *Cosmos bipinnatus*
원산지 멕시코
크기 높이 1~2m
꽃 피는 시기 6~10월
특징 금계국보다 꽃잎이 길다.
금계국보다 키가 크다.

알아두면 좋은 상식

코스모스는 가을을 어떻게 아는 걸까?

가을이면 어김없이 피는 코스모스는 어떻게 가을이 된 걸 아는 걸까요? 그 이유는 코스모스 같은 식물도 낮과 밤, 계절을 아는 시계가 몸에 있기 때문이랍니다. 계절에 따라 해가 뜨고 지는 시간이 달라요. 여름에는 해가 오래 떠 있고, 겨울에는 짧게 떠 있지요. 코스모스는 여름에서 가을이 되면서 햇빛이 비치는 시간이 점점 짧아지는 것을 알아채고 꽃을 피우는 것이랍니다.

엄마와 함께 공원에 갔다가 노란 코스모스가 잔뜩 피어 있는 것을 보았어요. 그런데 엄마는 코스모스가 아니라 금계국이라고 말씀하셨어요. 두 꽃은 어떻게 다른 건가요?

홈스쿨링 4학년 **송희주**

금계국

금계국도 코스모스와 마찬가지로 초롱꽃목 국화과의 한해살이풀이에요. 줄기 끝에 커다란 노란 꽃이 달리는데, 꽃 한 송이마다 꽃잎 여덟 장이 돋아난다는 점과 꽃잎 끝이 톱니바퀴 모양인 점이 코스모스와 꼭 닮았답니다. 하지만 자세히 관찰하면 코스모스보다 꽃잎이 짧고 잎이 훨씬 넓다는 걸 알 수 있어요.

무엇보다도 금계국은 코스모스와 달리 초여름인 6~8월에만 피어요. 또 다 자랐을 때 키가 약 30~60cm로 코스모스보다 작지요. 금계국도 해가 잘 들고 물이 잘 빠지는 곳이면 어디서나 잘 자라서 길가에 많이 심는답니다.

바로 구분하기
학명 *Coreopsis drummondii*
원산지 북아메리카
크기 높이 30~60cm
꽃 피는 시기 6~8월
특징 코스모스보다 꽃잎이 짧다.
코스모스보다 키가 작다.

재미있는 속담 이야기

국화는 서리를 맞아도 꺾이지 않는다.

공기 중의 수증기가 차갑게 얼어붙는 서리가 내려도 혼자 꿋꿋하게 피어 있는 국화처럼, 절개나 의지가 매우 강한 사람은 어떤 시련에도 굴하지 않고 꿋꿋이 이겨 낸다는 말이에요. 그런데 국화가 다른 꽃보다는 서리에 강하지만 아무런 피해도 입지 않는 것은 아니랍니다. 국화도 서리를 맞으면 그렇지 않은 경우보다 더 빨리 시들어요.

헷갈려! 동물과 식물 63

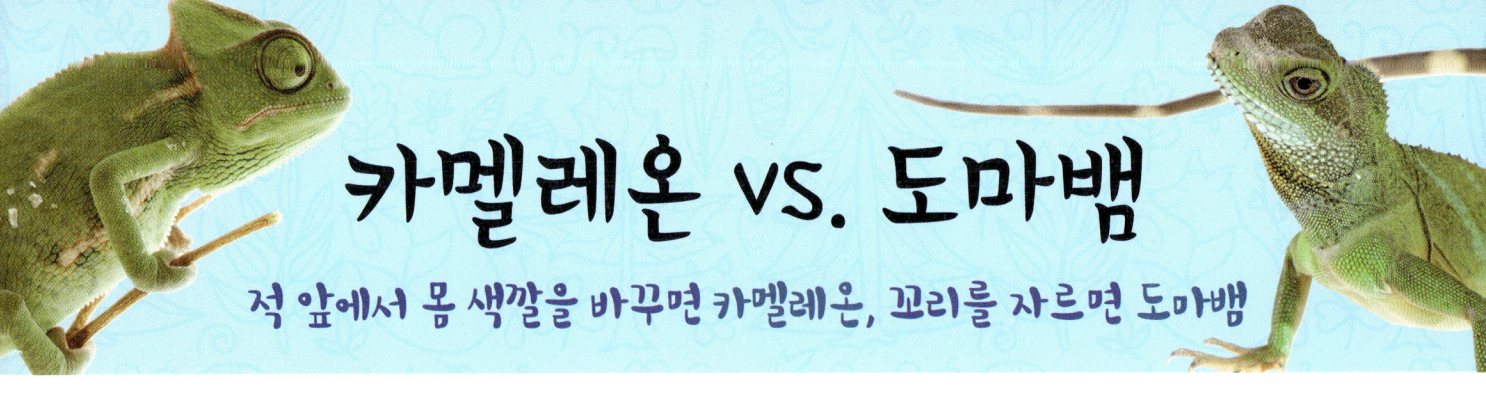

카멜레온 vs. 도마뱀

적 앞에서 몸 색깔을 바꾸면 카멜레온, 꼬리를 자르면 도마뱀

카멜레온

뱀목 카멜레온과의 동물을 모두 카멜레온이라고 불러요. 몸길이가 3cm부터 70cm에 이르는 것까지 종류에 따라 그 크기가 다양해요.

카멜레온은 눈알이 튀어나왔고, 양쪽 눈알을 각각 다른 쪽으로 굴릴 수 있어서 고개를 돌리지 않고도 옆과 뒤를 볼 수 있어요. 또 발이 경첩처럼 생겨서 나뭇가지에 매달리기 쉽지요. 카멜레온은 자기 몸보다 두 배까지 긴 혀로 순식간에 곤충을 낚아채 잡아먹는답니다. 카멜레온의 가장 잘 알려진 특징은 몸 색깔이 변한다는 점이에요. 피부에 색소 세포가 있어서 피부색을 바꿀 수 있지요.

🔍 바로 구분하기

정의 뱀목 카멜레온과를 모두 일컫는 말
특징 눈알이 튀어나왔다.
발이 경첩처럼 생겼다.
양쪽 눈알을 각각 다른 방향으로 굴릴 수 있다. 몸 색깔이 변한다.

텔레비전에서 동물 다큐멘터리를 보는데 수풀 속을 기어다니는 동물이 나왔어요. 그걸 보고 제가 카멜레온이라고 했는데 아빠가 도마뱀이래요. 카멜레온과 도마뱀은 뭐가 다른가요?

대전 K초등학교 6학년 **김은주**

바로 구분하기
정의 뱀목 도마뱀과를 모두 일컫는 말
특징 천적을 만나면 꼬리를 잘라 꼬리에 관심을 갖게 한 뒤 도망치는데, 꼬리는 다시 자란다.

도마뱀

뱀목 도마뱀과를 모두 도마뱀이라고 불러요. 작은 도마뱀은 몸길이가 7.5cm 정도지만 큰 도마뱀은 47cm까지도 자란답니다. 생김새도 무척 다양해서 어떤 도마뱀은 다리가 아예 없기도 하지요. 또 나무 위에서 주로 생활하는 카멜레온과 달리, 도마뱀은 나무뿐만 아니라 습하고 서늘한 바위 밑에서도 산답니다.

도마뱀의 가장 큰 특징은 천적을 만나면 꼬리를 잘라 꼬리에 관심을 갖게 한 뒤 도망친다는 점이에요. 꼬리는 다시 자라지만, 뼈는 다시 생기지 않아요.

알아두면 좋은 상식

다리 없는 도마뱀

다리가 없는 도마뱀이 있다는 사실! '유리도마뱀'과 '지렁이도마뱀'은 도마뱀이지만 다리가 없답니다. 정말 신기하죠? 다리가 없는 도마뱀은 뱀과 비슷하게 생겼지만 뱀이 아니에요. 뱀과 도마뱀은 엄연히 다른 종이기 때문이지요. 도마뱀은 눈꺼풀이 있어 눈을 깜빡일 수 있지만, 뱀은 눈꺼풀이 없고 투명한 막이 눈을 덮고 있어요. 또 뱀은 귓구멍이 없지만 도마뱀은 귓구멍이 있답니다.

〈지렁이도마뱀〉

헷갈려! 동물과 식물

두루미 vs. 백로

이마에서 목까지 검은 깃털이면 두루미, 온통 흰 깃털은 백로

두루미

두루미는 겨울이 되면 우리나라로 찾아오는 겨울철새예요. 다른 이름으로는 '학'이라고도 하지요. 두루미는 날개를 펼치면 240cm나 될 정도로 커요. 500원짜리 동전에 새겨진 새가 바로 두루미랍니다.

두루미는 우리나라보다 북쪽에 있는 중국 북동부와 시베리아 우수리 지방에서 알을 낳고 새끼를 키우며 여름을 보내다가 겨울에 우리나라로 와요. 두루미의 온몸에는 흰 깃털이 나 있는데, 이마부터 목까지는 검은 깃털이 나 있지요. 머리 꼭대기는 붉답니다. 두루미 말고도 온몸이 잿빛인 재두루미나 머리에 왕관을 닮은 깃털이 있는 관두루미도 있어요.

🔍 바로 구분하기

학명 *Grus japonensis*
크기 몸길이 136~140cm, 펼친 날개길이 약 240cm
천연기념물 제202호
특징 겨울철새로 겨울에 볼 수 있다.
이마부터 목까지는 검은 깃털이 나 있다.

알아두면 좋은 상식

두루미는 왜 춤을 출까?

전 세계에는 두루미의 화려한 몸짓을 따라 만든 춤이 있어요. 우리나라 전통 춤 중에도 '학춤'이 있지요. 그렇다면 두루미는 왜 춤을 추듯 몸짓을 하는 걸까요?

두루미는 수컷과 암컷이 서로 사랑을 나누기 위해서, 혹은 싸우기 위해 몸짓을 하는데 이것이 춤처럼 보이는 거래요. 싸울 때는 무려 100m 밖에서도 날개 소리가 들릴 만큼 큰 동작으로 상대를 위협한답니다. 하지만 위협만 할 뿐 실제로 부딪치며 상대를 다치게 하는 일은 찾아보기 힘들대요.

가족과 차를 타고 나들이를 가는데 창밖으로 커다란 흰 새가 앉아 있는 게 보였어요. "백로다!"라고 소리쳤더니, 언니가 저건 두루미라고 하더라고요. 다리도 길고 똑같이 흰색인데, 둘이 뭐가 다른가요?

홈스쿨링 2학년 **강현진**

백로

황새목 왜가리과의 새 가운데 깃털이 흰색인 새를 모두 백로라고 불러요. 우리나라에서 여름에 알을 낳고 새끼를 키우는 여름철새이지요. 우리나라에 찾아오는 백로는 15가지 종류로, 가장 흔하게 볼 수 있는 건 '중백로'와 '중대백로'예요. 그 외에도 부리가 노란 '노랑부리백로'와, 백로 중 몸집이 가장 큰 '대백로'도 볼 수 있답니다. 대백로의 몸길이가 1m 정도로, 백로는 두루미보다는 체구가 작은 셈이에요.

우리나라의 남부지방에는 사계절 내내 우리나라를 떠나지 않는 쇠백로가 있어요. 뒤통수에 난 두 가닥 장식이 멋진 새랍니다.

〈대백로〉

〈쇠백로〉

🔍 바로 구분하기

정의 황새목 왜가리과의 새 가운데 몸빛이 흰색인 새
종류 중백로, 중대백로, 대백로, 노랑부리백로, 쇠백로 등이 있다. 우리나라에 찾아오는 여름철새인 백로는 15종 정도다.
특징 여름철새로 여름에 볼 수 있다. 쇠백로의 경우 남부지방에서는 사계절 내내 볼 수 있다. 몸빛이 희다.

재미있는 속담 이야기

뭇 닭 속의 봉황이요, 새 중의 학 두루미다.

평범한 여러 사람 가운데 뛰어난 한 사람을 의미하는 말이에요. 봉황은 실제로 존재하는 새가 아니라 상상 속의 새로, 좋은 일을 불러오는 신비롭고 고귀한 새를 말해요. 두루미는 선명하고 아름답게 대비되는 색과 긴 다리로 우아하게 서 있는 모습 때문에 옛날부터 고고한 선비를 상징하는 새였지요. 이렇듯 봉황과 두루미를 귀하게 생각했기 때문에 뛰어난 사람에 비유하는 것이랍니다.

다람쥐 vs. 청설모

줄무늬가 없으면 청설모

다람쥐

다람쥐는 머리 옆과 등에 줄무늬가 있어요. 등에 있는 줄무늬 때문에 '무늬다람쥐'라고도 부른답니다. 몸길이는 15~16cm, 꼬리길이는 10~13cm 정도예요. 붉은 빛이 도는 갈색 털을 갖고 있으며 도토리, 밤, 땅콩을 즐겨 먹지요.

다람쥐는 평균기온이 8~10℃보다 낮아지면 겨울잠을 자요. 땅속에 굴을 깊이 파고 보금자리를 만들고, 그 근처에 먹이를 모아 두지요. 때때로 겨울잠에서 깨어나 먹이를 먹은 뒤 다시 겨울잠을 자기도 해요.

🔍 바로 구분하기
학명 *Tamias sibiricus*
크기 몸길이 15~16cm, 꼬리길이 10~13cm
분포지역 우리나라, 동부 유럽, 아시아 북동부의 삼림지대
특징 머리 옆과 등에 줄무늬가 있다.

알아두면 좋은 상식

하늘을 나는 다람쥐, 날다람쥐

나무 사이를 미끄러지듯 날아다니는 다람쥐가 있어요. 바로 날다람쥐랍니다. 날다람쥐는 다람쥐나 청설모에 비해 큰 몸을 가지고 있어요. 몸길이가 40~45cm, 꼬리길이는 25~36cm나 된답니다. 몸 옆구리에 피부가 자라서 생긴 '익막'이라고 부르는 막을 갖고 있는데, 나무 사이를 날아다닐 때면 익막을 활짝 펴서 글라이더처럼 미끄러지듯 날지요. 밤에 활동하는 동물이기 때문에 날다람쥐를 직접 보기는 힘들어요.

공원에 가니까 다람쥐가 쓰레기통 근처를 뒤지고 있더라고요. 귀여워서 가까이 가려는데 누나가 '저건 청설모야'라고 알려줬어요. 작고 긴 꼬리가 있는, 나무를 잘 타는 동물은 모두 다람쥐 아닌가요?

서울 G초등학교 6학년 **이혜영**

바로 구분하기
학명 *Sciurus vulgaris coreae*
크기 몸길이 20~30cm, 꼬리길이 18~22cm
분포지역 우리나라, 일본, 시베리아, 유럽, 중국, 몽골
특징 다람쥐보다 크다. 줄무늬가 없다. 귀 끝에 긴 털이 있다.

청설모

청설모는 다람쥐보다 몸집이 1.5배 정도 더 크고, 온몸에 회색빛이 도는 갈색 털이 나 있으며, 줄무늬가 없어요. 또 귀가 토끼처럼 쫑긋 서 있는데, 귀 끝에 긴 털이 나 있답니다. 도토리나 밤, 잣을 좋아하지만 새의 알을 먹는 경우도 있어요.

청설모도 겨울이 되면 다람쥐와 마찬가지로 땅속에 굴을 파서 겨울잠을 잔답니다.

재미있는 속담 이야기

다람쥐 쳇바퀴 돌 듯하다.

뱅글뱅글 도는 둥근 통이 바퀴처럼 굴러가게 만든 쳇바퀴는 다람쥐나 햄스터와 같이 달리기 좋아하는 동물들이 좁은 곳에서도 달릴 수 있게 만든 물건이에요. 하지만 쳇바퀴에 올라가 아무리 달려도 빙글빙글 돌기만 할 뿐 앞으로 나아가지는 못하지요. 이처럼 앞으로 나아가거나 발전하지 못하고 제자리걸음만 하는 것을 일컫는 속담이에요. 변화 없이 늘 똑같다는 뜻도 있답니다.

거북 vs. 자라
등딱지가 납작하고 가운데만 딱딱하면 자라

거북

거북은 전 세계에 300여 종이 살고 있어요. 거북의 몸은 타원형으로 납작하고, 입의 피부가 딱딱하며 이빨이 없어요. 단단한 껍질로 된 딱지가 등과 배에 있어서 위험할 때는 머리와 꼬리, 네 발을 움츠려 등 딱지 속으로 숨는 답니다.

거북은 바다, 강, 못, 늪 등 물이 있는 곳 어디에나 살아요. 육지에서만 사는 거북도 있지요. 그런데 거북은 거북목의 동물을 모두 말하기도 해서, 자라나 남생이도 거북의 한 종류로 볼 수 있어요. 바다거북을 제외하면 우리나라에는 자라와 남생이 두 종류의 토종 거북만이 살고 있답니다.

🔍 **바로 구분하기**
거북목의 동물을 통틀어 부르는 말로, 전 세계에 300여 종이 있다.

알아두면 좋은 상식

우리나라 민물거북, 남생이

남생이는 등딱지 길이만 25~45cm로 자라보다 그 크기가 커요. 또 등딱지가 단단하고 진한 갈색이지요. 수영을 잘못해서 물이 느리게 흐르는 강이나 저수지를 좋아해요. 겨울이 되면 진흙 속에서 겨울잠을 자고, 6월~8월에 물가 모래나 부드러운 흙 속에 구멍을 파서 5~15개의 알을 낳지요. 남생이는 천연기념물 제453호로 지정된 보호해야 하는 생물이랍니다.

중국 음식점에 갔다가 그곳에서 키우는 거북 한 마리를 봤어요. 그런데 거북이 아니라 자라라고 하는 거예요! 자라와 거북, 뭐가 다른 거죠?

서울 A초등학교 5학년 **장혜림**

자라

자라는 전 세계에 25종이 있지만 우리나라에는 1종의 자라만 살고 있어요. 우리나라의 자라는 등딱지 길이가 25~40cm 정도이고 등은 푸른 빛을 띠는 회색, 배는 밝은 회색이에요. 등딱지가 거북에 비해 납작한 모양이며, 등딱지의 가운데 부분만 단단하고 나머지는 부드러운 피부로 덮여 있지요. 등딱지에 알갱이 모양의 돌기나 줄이 솟아 있다는 점도 거북과 달라요. 또 주둥이 끝이 가늘게 튀어나와 있고, 꼬리가 짧답니다.

강과 못, 늪에서만 사는 자라는 알을 낳을 때 빼고는 물 밖으로 거의 나오지 않아요.

바로 구분하기
학명 *Pelodiscus sinensis*
크기 25~40cm
특징 등딱지가 거북에 비해 납작한 모양이다. 등딱지의 가운데 부분만 단단하고 나머지는 부드러운 피부로 덮여 있다.

 재미있는 **속담 이야기**

거북이 등의 털 긁는다.

털이 나지 않는 거북의 등에 난 털을 긁는다는 뜻으로, 아무리 구하려고 해도 얻지 못할 것을 애써 구하려는 어리석은 행동을 한다는 이야기예요. 거북은 물론 도마뱀과 뱀, 악어와 같은 파충류들은 털이 없어요. 파충류는 주변 환경에 따라 체온이 변하는 변온 동물로, 체온이 너무 낮아지면 활발하게 활동할 수 없지요. 거북은 체온이 떨어지면 돌 위에서 햇볕을 쬐어 체온을 올린답니다.

버터 vs. 마가린

우유로 만들면 버터, 식물성 기름으로 만들면 마가린

버터

버터는 우유 속의 지방을 굳혀서 만들어요. 고소한 맛이 일품인 버터는 팝콘이나 빵, 케이크 등 굽거나 볶는 음식에 널리 사용하지요. 버터는 32℃가 넘으면 녹아서 액체가 되기 때문에, 낮은 온도에서 보관해야 해요.

버터의 종류에는 재료에 맛을 더해 주는 곰팡이와 세균을 넣어 발효시킨 발효 버터와 우유의 지방을 그대로 숙성한 감성 버터가 있어요. 미국과 유럽에서는 발효 버터를 많이 이용하고, 우리나라와 일본에서는 감성 버터를 많이 사용한답니다.

🔍 바로 구분하기

재료 우유

특징 포장에 적힌 식품유형을 확인하면 가염버터 혹은 무염버터라고 되어 있다.

알아두면 좋은 상식

버터와 마가린, 어떤 것이 더 좋을까?

버터와 마가린은 열량과 지방의 양이 거의 비슷해요. 맛은 마가린보다 버터가 더 좋다고 주장하는 사람들이 많지요. 하지만 어느 것이든 맛있다고 해서 너무 많이 먹으면 곤란해요. 버터와 마가린에는 '콜레스테롤'이라는 성분이 들어 있는데 이 성분을 많이 먹으면 몸이 뚱뚱해지고 혈관에 기름이 쌓여서 병에 걸릴 수 있거든요. 건강을 위해서는 뭐든 적당히 먹는 식습관이 중요해요.

> 엄마가 샌드위치를 만들어 주셨어요. 그런데 어떤 때는 버터를, 어떤 때는 마가린을 넣는대요. 가격 차이는 있다지만 제가 볼 땐 똑같은데…. 정말 헷갈려요!
>
> 대전 M초등학교 5학년 **김재성**

마가린

버터를 만들려면 버터의 양보다 몇 배나 많은 우유가 필요해요. 그래서 가격이 비싸답니다. 서양의 많은 나라에서는 빵을 주식으로 먹는데, 대부분의 빵은 버터가 있어야만 만들 수 있어요. 1848년, 프랑스의 대통령이었던 나폴레옹 3세는 버터를 살 돈이 없어 빵을 만들어 먹지 못하는 사람들과 전쟁 중 기름진 것을 제대로 먹지 못하는 군인들을 위해 버터 대용품을 만드는 사람에게 상을 주겠다고 했어요. 그러자 프랑스의 화학자 이폴리트 메주 무리에가 버터 대용품인 마가린을 발명하여 상을 받았지요. 하지만 무리에가 만든 마가린은 생선과 고래 기름으로 만들어 냄새가 좋지 않고 맛도 없었어요. 이후 식물성 기름에 맛과 향을 풍부하게 하는 성분을 넣어서 만든 마가린이 등장하였고 지금까지도 많은 사람들이 이용하고 있지요.

🔍 **바로 구분하기**
재료 식물성 기름
특징 이름에 버터가 들어가도 포장의 식품유형에 가공버터라고 적혀 있으면 마가린이다.

 **재미있는 속담 이야기**

포기하지 않는 개구리가 버터를 만든다.

어떤 환경에서든 포기하지 말고 도전하라는 뜻의 속담이에요. 영국의 우화 중 우유통에 빠진 두 마리 개구리 이야기에서 유래한 속담이지요. 어느 날 두 마리의 개구리가 우유통에 빠졌대요. 그러자 한 마리는 곧 포기하고 우유에 빠져 죽었어요. 하지만 다른 한 마리는 우유 통을 빠져나가려고 열심히 다리를 휘저었는데, 서서히 우유의 지방이 굳더니 버터가 되었대요. 버터는 고체니까 개구리는 버터를 딛고 밖으로 나올 수 있었지요. 실제로 우유의 지방을 모아 세차게 저으면 수분과 지방이 분리되어 버터를 만들 수 있답니다.

명태 vs. 대구

수염이 없으면 명태, 있으면 대구

명태

명태는 버릴 것이 하나도 없어요. 살은 물론 내장은 창란젓으로, 알은 명란젓으로 만들어 먹지요. 심지어 아가미는 소금에 절여 귀세미젓을 만들어 먹는답니다. 또한 우리가 먹는 어묵이나 게맛살도 알고 보면 주재료가 명태살이에요.

명태는 우리나라, 일본, 미국 북부 등 북태평양에 주로 살아요. 몸은 연한 갈색이나 푸른색 바탕에 진한 갈색 등무늬가 있고, 아래턱이 조금 튀어 나왔으며, 수염이 없는 것이 명태의 특징이에요.

🔍 **바로 구분하기**

학명 *Theragra chalcogramma*
크기 몸길이 30~90cm, 몸무게 600~800g
분포지역 우리나라 동해, 북부 오호츠크해, 베링해, 알래스카에 걸친 북태평양 바다
특징 수염이 없다. 아래턱이 앞으로 더 나와 있다. 수염이 없다.

알아두면 좋은 상식

명태야, 넌 대체 이름이 몇 개니?

황태, 북어, 코다리, 노가리…. 모두 명태를 뜻하는 이름이에요. 북엇국에 들어가는 '북어'는 바닷가에 명태를 걸어두고 바닷바람에 말린 거예요. '황태'는 추운 지역에서 명태를 걸어두고 얼었다, 녹았다를 반복하면서 말린 명태를 뜻해요. 명태를 꾸덕꾸덕하게 반만 건조 시키면 '코다리'가 된답니다. 또 어린 명태를 바짝 말린 것은 '노가리'라고 불러요. 말리는 방법에 따라 맛도 달라져서 요리법도 제각각이랍니다.

〈명태를 말리는 모습〉

명태 사진을 봤는데, 대구랑 정말 닮은 것 같아요. 둘은 같은 생선인가요?

대구 H초등학교 1학년 **최호준**

대구

대구는 입이 크고 먹성이 좋다고 해서 이름도 큰 입을 뜻하는 '대구(큰 대 大, 입 구 口)'로 지었대요. 어찌나 입이 큰 지 자기 몸 크기의 3분의 2나 되는 먹이도 그대로 삼켜 버릴 정도예요.

대구는 명태와 달리 아래턱에 수염이 하나 있는데, 이 역시 먹이를 잘 먹기 위한 거예요. 물이 흐려서 앞이 잘 보이지 않을 때도 아래턱에 있는 수염을 이용해 그 감각으로 먹이를 잘 찾을 수 있대요. 또한 아래턱이 튀어나온 명태와 달리 대구는 위턱이 조금 더 튀어나와 있어요.

바로 구분하기
학명 *Gadus macrocephalus*
크기 몸길이 40~110cm, 몸무게 1~5kg
분포지역 우리나라, 일본, 알래스카 등의 북태평양 연안
특징 아래턱에 수염이 있고 위턱이 아래턱보다 조금 더 튀어나왔다. 수염이 있다.

식은 밥이 밥 일런가, 명태 반찬이 반찬 일런가.

식은 밥과 명태 반찬을 내 주는 것처럼 음식 대접이 좋지 않다는 의미의 말이에요. 맛있는 명태 반찬을 좋지 않은 음식에 비유한 이유는, 옛날에는 그만큼 명태가 흔했기 때문이랍니다.

명태는 차가운 바닷물을 좋아해요. 하지만 1970년대 이후 지구온난화로 바닷물의 온도가 올라갔고, 더이상 우리나라 바다에서는 명태가 잘 잡히지 않아요.

앵두 VS. 버찌

가지에 바로 붙어있는 앵두, 줄기에 매달린 버찌

앵두

앵두는 장미과에 속하는 '앵두나무'에 열리는 열매예요. 어린 아이의 엄지손톱만 한 크기에 빨갛고 동그란 모양이지요. 앵두나무에는 4월쯤 작고 하얀 꽃이 촘촘하게 피는데, 꽃이 지고 나면 가지에 다닥다닥 붙은 듯이 앵두가 열려요. 앵두는 5~6월이 되면 빨갛게 익고 새콤달콤한 맛이 난답니다. 하지만 열매 안에 크고 단단한 씨앗이 들어 있기 때문에 먹을 때 주의해야 해요. 단단한 씨에 이를 다칠 수도 있으니까요.

바로 구분하기
학명 *Prunus tomentosa*
원산지 중국
크기 앵두나무 높이 3m, 열매 크기 약 1cm
특징 열매가 가지에 붙은 듯이 열린다.

알아두면 좋은 상식

앵두보다 크고 버찌보다 달콤한 체리

체리는 유럽 중남부와 터키에서 자라는 벚나무인 '양벚나무'의 열매예요. 버찌보다 크기가 2~4배 정도 크지요. 앵두처럼 동그란 모양이 아니라 꼭지가 달린 부분이 움푹 파여 있는 모양으로 마치 심장처럼 생겼어요. 체리도 익을수록 색이 검붉게 변한답니다. 체리는 앵두나 버찌보다 과육이 크고 달콤하기 때문에 인기가 많아요. 앵두나 버찌와 마찬가지로 가운데 크고 단단한 씨앗이 들어 있으니 먹을 때에는 꼭 조심하세요!

놀이터에서 나무에 열린 새빨갛고 동그란 열매를 보았어요. 앵두인 줄 알고 따먹으려고 하는데 엄마께서 앵두가 아니라 버찌라고 하셨어요. 정말 꼭 닮았는데, 앵두와 버찌는 어떻게 다른 걸까요?

홈스쿨링 3학년 **공미진**

버찌

버찌는 장미과에 속하는 '벚나무'의 열매예요. 우리나라에서 흔히 볼 수 있는 벚나무는 3월이 되면 하얀 벚꽃을 피웠다가 5~7월이 되면 열매가 달리는데 이걸 버찌라고 불러요.

버찌와 앵두는 크기와 모양이 서로 비슷해요. 그리고 둘 다 열매 안에 크고 단단한 씨앗이 들어 있지요. 하지만 다 익어도 빨갛기만 한 앵두와 달리 익으면서 색이 점점 진해져서 검붉은 빛을 띤답니다. 버찌는 신맛이 강해서 바로 먹지 않고, 주로 잼이나 주스를 만들어 먹어요.

바로 구분하기
학명 *Prunus serrulata var. spontanea*
분포지역 우리나라, 중국, 일본
크기 벚나무 높이 약 20m, 열매 크기 1~3cm
특징 가지에서 나온 줄기에 열매가 달린다.

재미있는 속담 이야기

처갓집 세배는 앵두꽃을 꺾어 가지고 간다.

처가는 남편이 아내의 집을 부를 때 쓰는 표현이에요. 처가에 새해 인사를 갈 때 예쁜 앵두꽃을 꺾어 간다니, 아름다운 이야기 같죠? 하지만 전혀 다른 뜻이 숨어 있어요. 앵두꽃이 피는 시기는 4월과 5월 사이로 설이 한참 지나고 난 뒤인 봄이에요. 세배를 갈 때 앵두꽃을 꺾어 간다는 건, 새해에 세배를 가지 않고 한참 지나서야 간다는 거지요. 이 속담은 서둘러 처가에 세배하러 가려는 애처가를 놀리거나, 처가에 늦게 세배하러 가는 것을 마치 잘한 일인 듯 말할 때 쓰는 표현이에요.

뱀장어 vs. 갯장어
등이 푸른 빛을 띠면 뱀장어, 갈색을 띠면 갯장어

뱀장어

민물장어나 풍천장어로 불리는 장어가 바로 뱀장어예요. 뱀장어는 장어류 중에서 유일하게 바다에서 태어나서 강에서 자라는 물고기지요. 다 자란 후에는 알을 낳기 위해 다시 태어났던 멀고 깊은 바다로 떠난답니다. 뱀장어는 바다까지 수천 km를 헤엄치기 위해 몸에 영양소를 가득 저장해요. 그래서 알을 낳으러 떠나는 늦여름에서 초가을까지를 장어가 가장 맛있는 때라고 하지요. 뱀장어는 아래턱이 위턱보다 앞쪽으로 약간 더 튀어나왔고, 등은 청회색, 배는 흰색이나 노란색을 띤답니다.

🔍 바로 구분하기
학명 Anguilla japonica
크기 몸길이 70~150cm
몸의 빛깔 등은 청회색, 배는 흰색이나 노란색
분포지역 우리나라를 비롯한 일본, 중국, 대만, 필리핀, 유럽
특징 민물고기지만 알을 낳으러 바다로 간다.

알아두면 좋은 상식

먹장어는 눈이 없다고?

먹장어는 눈이 사라져서 피부에 흔적만 남아 있어요. '눈이 먼 장어'라는 뜻에서 먹장어라는 이름이 붙었지요. 가죽을 벗겨 내도 한참 동안 살아서 '꼼지락 꼼지락'거린다 하여 '꼼장어'로 불리기도 해요. 먹장어는 뱀장어나 갯장어와 달리 턱이 없고 입이 둥근 '무악류'에 속해요. 빨판 모양의 입술을 이용해 주로 다른 물고기에 달라붙어 살과 내장을 빨아먹고 산답니다.

부모님께서 복날이라며 함께 장어를 먹으러 가자고 하셨어요. 그런데 음식점에서 장어가 아니라 '하모'라고 부르더라고요. 장어와 하모는 서로 다른 건가요?

홈스쿨링 3학년 **한유주**

갯장어

갯장어는 '하모'라고도 불리는데, 아무거나 잘 무는 습성을 갖고 있어서 '물다'는 뜻의 일본어인 '하무'에서 유래한 이름이에요.

갯장어는 뱀장어와 달리 일생을 바다에서 살아요. 낮에는 수심 20~50m 아래 바위 틈이나 진흙 속에 파묻혀 있다가 밤이 되면 나와 물고기나 조개를 잡아먹는답니다.

갯장어의 등은 회갈색이고 배는 은백색이에요. 갯장어는 입이 매우 커서 위턱의 끝이 눈을 훨씬 지난 몸쪽까지 이어져요. 또 입 안에는 길고 날카로운 이빨이 나 있답니다.

바로 구분하기
학명 *Muraenesox cinereus*
크기 150~200cm
몸의 빛깔 등은 회갈색, 배는 은백색
분포지역 우리나라 남해와 서해, 일본과 중국 인근 해역, 오스트레일리아 북부에 이르는 서태평양
특징 일생을 바다에서 산다. 입이 매우 커서 몸쪽까지 이어진다.

재미있는 속담 이야기

3월 거문도 조기는 7월 칠산 장어와 안 바꾼다.

장어는 예로부터 맛이 좋은 것은 물론 영양이 풍부한 생선으로 유명했어요. 몸에 힘이 없을 때 장어를 먹기도 했는데, 실제로 장어 고기에는 기름기가 많아 맛이 고소하고, 단백질과 비타민 A 함량이 높아요. 그런데 이런 장어와 조기를 바꾸지 않는다는 말은 무슨 의미일까요? 이 속담은 3월에 거문도에서 잡히는 조기가 그만큼 맛이 뛰어나다는 것을 강조하기 위해 7월 서해안 영광의 칠산 앞바다에서 잡히는 맛있는 장어와 비교한 것이랍니다.

송이버섯 vs. 양송이버섯
키가 큰 송이버섯, 키가 작은 양송이버섯

송이버섯

송이는 소나무의 뿌리에 붙어 자라는 송이과의 버섯이에요. 송이는 소나무가 만든 탄수화물을 받는 대신 소나무가 스스로 만들지 못하는 질소나 무기물 같은 영양분을 주며 공생해요.

약 10~20cm의 긴 자루 위에 동그란 갓이 달려 있는데, 자루는 흰색, 혹은 흰색에 얼룩덜룩한 무늬가 있어요. 갓은 보통 오므려 놓은 모양이지만 시간이 지나면 펼쳐놓은 우산 같은 모양으로 바뀌지요.

향과 맛이 뛰어나지만 가격이 비싼 것이 흠! 송이버섯은 우리나라와 일본에서 즐겨 먹어요.

바로 구분하기
학명 Tricholoma matsutake
크기 버섯갓 지름 8~20cm, 버섯대 길이 10cm, 굵기 2cm
분포지역 우리나라, 일본, 중국, 타이완
특징 양송이버섯보다 자루가 길다. 갓이 진한 갈색이다.

알아두면 좋은 상식

먹으면 큰일 나는 독버섯

버섯 중에는 독이 있어서 먹으면 몸이 아프거나 바로 목숨을 잃게 되는 독버섯이 많아요. 많은 사람들이 알록달록 화려한 색을 띠고 있으면 독버섯, 단색의 수수한 버섯은 먹을 수 있는 버섯이라고 생각하는데 절대 그렇지 않아요. 양송이버섯과 닮은 '독우산광대버섯'처럼 수수하게 생긴 독버섯도 많으니까요. 숲이나 산에서 버섯을 발견하면 아무리 먹을 수 있는 버섯처럼 보여도 절대 먹어서는 안 된다는 거, 잊지 마세요!

〈독우산광대버섯〉

TV에서 '송이버섯'이 나오는 걸 봤어요. 그날 저녁 반찬에 비슷한 버섯이 있어서 송이인 줄 알았는데 엄마께서 '양송이버섯'이래요. 둘은 어떤 차이점이 있나요? 이름이 비슷해서 헷갈려요!

창원 S초등학교 4학년 **최희연**

양송이버섯

주름버섯과의 버섯으로 여름철에 풀밭에서 자라지요. 하지만 우리가 시장이나 마트에서 보는 양송이는 볏짚을 잘 숙성해 만든 퇴비에서 키운 거예요. 사람이 재배하는 양송이는 1년 내내 많은 양을 수확할 수 있기 때문에 값이 싸고 쉽게 구할 수 있지요. 양송이는 위, 아래의 굵기가 같은 4~8cm 길이의 짧은 자루 위에 하얗고 동그란 갓이 달려 있는데, 자라면서 갓이 평평하게 우산처럼 펴지고 색이 연한 갈색으로 변해요. 아미노산이 풍부해서 맛있고 몸에도 좋답니다.

바로 구분하기
학명 *Agaricus bisporus*
크기 버섯갓 지름 5~12cm, 버섯대 4~8cm 굵기 1~3cm
분포지역 전 세계
특징 송이버섯보다 자루가 짧다. 갓이 연한 갈색이다.

재미있는 속담 이야기

자식은 두엄 위에 버섯과 한가지다.

두엄은 가축의 배설물 따위를 썩힌 거름을 말해요. 버섯은 죽은 생물이나 배설물을 분해하는 분해자예요. 그래서 두엄 위에도 버섯이 많이 생기지요. 하지만 배설물 위에 난 것이기 때문에 먹을 수가 없답니다. 두엄 위에 버섯이 많이 나도 쓸모없는 것처럼, 자식이 많다고 해서 무작정 좋은 것은 아니다. 혹은 자식이 많은 것이 자랑이 아니라는 의미로 사용하는 속담이에요.

된장 vs. 청국장
실이 없으면 된장, 실이 있으면 청국장

된장

된장을 만들려면 우선 메주가 있어야 해요. 메주는 메주콩을 삶아서 으깬 뒤, 덩어리로 빚어 바람에 말린 다음, 따뜻한 곳에서 오랫동안 발효해서 만들어요. 메주에는 누룩곰팡이와 좁쌀곰팡이를 비롯해 1500종이 넘는 곰팡이와 세균이 살아요. 이 수많은 곰팡이와 세균들이 메주를 발효시켜 깊은 맛을 낸답니다.

메주를 소금물에 담가 3~4개월간 발효시키면 까만 국물(간장)과 덩어리가 생겨요. 이 덩어리에 간장을 부어 반죽하면 된장이 된답니다. 된장은 단백질을 비롯해 여러 가지 비타민과 몸에 꼭 필요한 지질, 철분, 칼륨 등의 영양분이 가득한 최고의 건강식품이랍니다.

〈메주〉

〈간장〉

〈된장〉

🔍 **바로 구분하기**
만드는 방법 오랫동안 발효시키면 된장
특징 끈적끈적한 실이 없으면 된장

알아두면 좋은 상식

다른 나라에도 '된장'이 있을까?

콩을 발효해서 먹는 곳은 우리나라만이 아니에요. 그런데 만드는 방법에 따라 맛과 냄새, 먹는 법이 다르답니다. 일본에서는 된장과 비슷한 '미소'와 청국장과 비슷한 '낫토', 중국에서는 두부에 곰팡이를 키워 삭힌 '루푸'를 먹어요. 인도네시아에서는 삶은 콩을 발효하여 과자처럼 딱딱하게 굳힌 '템페'를, 네팔에서는 삶아서 으깬 콩에 재를 섞어 발효한 '키네마'를 먹어요.

엄마가 이상한 냄새가 나는 찌개를 끓이셨어요. 가족들이 워낙 맛있게 먹어서 저도 코를 막고 먹어 보니, 맛있는 된장찌개더라고요. 그런데 된장이 아니라 청국장이래요. 된장과 청국장은 어떻게 다른가요?

울산 S초등학교 4학년 **이성우**

청국장

청국장은 삶은 콩을 볏짚에 넣어 2~3일 발효시켜서 만들어요. 볏짚 안쪽은 약 60℃로 매우 따뜻해서 곰팡이와 세균들이 살기 좋은 환경이지요. 삶은 콩을 발효하면 끈적끈적해지면서 가느다란 실같은 것이 생긴답니다. 청국장은 된장보다 냄새가 진하고 특이해요.

청국장 역시 최고의 건강식품이에요. 청국장 속의 곰팡이와 세균은 장 속의 나쁜 균을 활동하지 못하게 하고, 암을 예방하는 효과까지 있어요. 청국장은 냄새 때문에 먹지 않는 사람들도 있지만, 그 향에 익숙해지면 별미 중의 별미랍니다.

🔍 **바로 구분하기**
만드는 방법 짧은 기간 동안 발효시키면 청국장
특징 끈적끈적한 실이 있으면 청국장

 **재미있는 속담 이야기**

청국장이 장이냐, 거적문이 문이냐.

청국장은 삶은 콩을 발효만 하면 되기 때문에 된장보다 만드는 시간이 적게 들어요. 그래서 옛 선조들은 청국장은 정성이 덜 들어간, 제대로 된 장이 아니라고 생각했지요. 거적문은 문을 천으로 가리기만 한 것을 가리키는 것으로, 둘 다 제대로 된 것이 아니라는 뜻이에요. 좋지 않은 물건은 물건이라 할 수가 없다는 의미로 사용하는 속담이랍니다.

호박고구마 vs. 밤고구마
촉촉하면 호박고구마, 부슬부슬 부서지면 밤고구마

호박고구마

고구마는 종류가 다양해요. 호박고구마는 원래 있던 고구마를 더 맛있게 개량하여 만든 건데, 속이 호박처럼 담주황색을 띠며 맛이 달아서 호박고구마라는 이름을 붙였답니다.

호박고구마가 달콤해서 먹으면 살이 찔 것 같다고요? 고구마는 다른 음식보다 부피에 비해 열량이 낮아요. 게다가 식이섬유가 많아서 같은 양의 밥을 먹었을 때보다 배가 더 불러서 다이어트 식품으로 사랑받고 있어요. 그중에서도 호박고구마는 밤고구마보다 식이섬유가 많아서 변비나 다이어트에 제격이래요.

바로 구분하기
모양 속이 호박 같이 담주황색을 띤다.
식감 수분이 많아 촉촉하다.
열량 100g에 131kcal

알아두면 좋은 상식

보라색 고구마가 있다고? 자색고구마

속이 보라색인 고구마도 있어요. 바로 자색고구마랍니다. 자색고구마의 보라색은 '안토시아닌'이라는 색소때문이에요. 안토시아닌은 눈의 망막에 있는 붉은색을 감지하는 단백질인 '로돕신'이 만들어지는 것을 돕기 때문에 눈 건강에 도움이 되지요. 자색고구마는 안토시아닌이 많아 건강에는 좋지만 호박고구마나 밤고구마만큼 달콤하지는 않답니다.

속이 노란 호박고구마를 구워 먹으면 맛이 정말 최고예요. 그런데 호박고구마 말고 밤고구마도 있다고 하더라구요. 호박고구마와 밤고구마, 이 둘의 차이점은 무엇인가요?

성남 C초등학교 3학년 **한상학**

밤고구마

밤맛이 난다고 해서 밤고구마라고 불러요. 밤고구마와 호박고구마는 잘라 보면 확실하게 알 수 있어요. 우선 서로 색깔이 다르고 밤고구마는 호박고구마보다 수분이 적어서 단단해요. 호박고구마는 물기가 많아 입에 넣었을 때 물컹하고 찐득한 느낌이지만, 밤고구마는 마치 밤을 입에 넣었을 때처럼 바슬바슬 부서지지요.

'물고구마'라는 말도 있는데 밤고구마보다 물기가 많은 고구마를 가리키는 말이에요. 그런데 밤고구마도 오래 보관하면 전분이 당분으로 바뀌면서 물고구마가 된대요.

🔍 **바로 구분하기**
모양 속이 호박고구마보다 희고 노란색
식감 수분이 적어 부서지는 식감
열량 100g에 140kcal

재미있는 속담 이야기

고구마 꽃이 피면 천재가 일어난다.

고구마 꽃이 피면 홍수나 가뭄과 같은 자연재해가 일어난다는 의미의 속담이에요. 그런데 고구마 꽃과 자연재해는 도대체 무슨 관계가 있을까요? 고구마는 낮이 짧고 밤의 길이가 일정 시간보다 길어져야 꽃을 피우는 식물이에요. 그런데 우리나라는 고구마가 꽃을 피워야 할 여름철에 낮이 길어서 꽃을 피우기가 힘듭니다. 하지만 낮이 짧아지는 가을에 늦더위가 찾아오면 드물게 고구마 꽃이 필 때가 있어요. 고구마가 꽃을 피웠다는 건 이상기온 현상이 생긴 것이기 때문에 기상재해도 일어나기 쉬워요.

밀 vs. 보리
열매와 수염이 가늘면 밀

밀

밀은 전 세계 사람들이 옥수수 다음으로 많이 먹는 곡물이에요. 보통 비가 적게 오는 서늘한 지역에서 잘 자라는데, 다 자라면 키가 1m 정도 되지요. 밀은 열매 부분이 보리에 비해 길고 가늘며, 열매에 난 털이 짧고 가늘어요.

밀가루에는 '글루텐'이라는 단백질이 들어 있어요. 글루텐은 밀가루 반죽을 끈기 있게 잘 부풀리는 성질이 있어서 빵이나 국수, 과자를 만들 때 사용하지요. 우리나라에서는 밀을 대부분 수입하기 때문에 재배하는 모습을 직접 보기는 힘들어요.

바로 구분하기
학명 *Triticum aestivum*
원산지 아프가니스탄과 카프카스 남부의 아르메니아 지방
분포지역 온대 지방
크기 높이 1m
특징 열매 부분이 보리에 비해 길고 가늘다. 보리에 비해 수염이 짧고 가늘다.

알아두면 좋은 상식

맥주를 만드는 맥주보리

맥주를 보리로 만든다는 사실, 알고 있나요? 맥주를 만드는 보리를 맥주보리라고 부른답니다. 맥주는 맥주보리를 싹틔운 맥아와 홉, 효모, 물을 섞어서 만들어요. 맥주보리에 싹이 나면 소화 효소인 '아밀라아제'가 생기면서 탄수화물이 당분으로 바뀌거든요. 이 당분을 효모를 이용하여 발효하면 알코올을 만들 수 있어요. 홉은 뽕나무과 덩굴식물의 열매인데 맥주의 향과 쓴맛을 낸답니다.

〈홉〉
〈맥주보리〉

학교에서 농업박물관으로 견학을 갔는데, 밀이랑 보리랑 너무 똑같이 생겨서 헷갈렸어요. 제가 보리라고 한 걸 선생님께서 밀이라고 다시 말씀해 주셨지요. 둘의 차이점을 알고 싶어요.

서울 B초등학교 5학년 **김민수**

보리

보리는 지금으로부터 무려 1만 년 전에 재배했다는 기록이 있을 만큼, 인류가 가장 오래 전부터 재배하기 시작한 곡물이에요. 보리는 옥수수, 밀, 쌀과 함께 세계 4대 작물로 꼽힌답니다.

보리는 따뜻한 기후에서 잘 자라고, 다 자라면 키가 1m 정도 돼요. 밀에 비해 열매 부분이 짧고 굵으며 열매에 난 털이 길고 빳빳하지요. 우리나라에서는 예로부터 쌀 다음으로 많이 먹는 곡식이었지만 요즘은 술과 엿기름, 고추장을 만드는 데 주로 사용해요.

바로 구분하기
학명 *Hordeum vulgare var. hexastichon*
원산지 중국 양쯔강 상류 티베트 지역, 카스피해 남쪽 중앙아시아
분포지역 스코틀랜드, 노르웨이, 시베리아, 알프스, 아프가니스탄, 히말라야, 티베트, 페루, 우리나라
크기 높이 1m
특징 열매 부분이 밀에 비해 짧고 굵다. 밀에 비해 수염이 길고 빳빳하다.

재미있는 속담 이야기

보리는 망종 전에 베라.

24절기 중 하나인 '망종(까끄라기 망 芒, 씨 종 種)'을 한자 그대로 해석하면 벼나 보리의 씨라는 뜻이에요. 까끄라기는 벼나 보리의 깔끄러운 수염을 의미하는데, 망종 전에 보리를 다 베어야 논에 모를 심을 수 있다는 뜻으로 만들어진 속담이랍니다. 망종까지 보리를 베지 않고 더 놔둬 봐야 보리가 익지도 않고 시들 뿐이라는 걸 알려 주는 속담으로, 조상들의 농사에 대한 지혜를 엿볼 수 있어요.

유정란 vs. 무정란
병아리가 될 수 있는 유정란

유정란

'유정란(있을 유 有, 정액 정 精, 알 란 卵)'은 말 그대로 정자가 있는 달걀이에요. 암탉과 수탉이 짝짓기를 해서 수정이 된 달걀이지요. 따라서 암탉이 유정란을 품으면 병아리로 자라 부화할 수 있어요.

유정란과 무정란은 직접 껍질을 깨 봐야 정확하게 구별할 수 있어요. 유정란은 무정란과 달리 노른자에 있는 하얀 점인 '배자' 주변에 둥근 원이 보여요. 알 주변의 온도가 24°C 이상으로 유지되면 배자가 자라서 눈과 부리, 심장, 뼈와 같이 병아리의 몸을 이루는 기관을 만든답니다.

🔍 바로 구분하기
정의 난자와 정자가 만나는 수정이 일어나 병아리가 될 수 있는 달걀
만들어지는 방법 암탉과 수탉이 짝짓기를 해서 수정이 된 뒤 낳는다.
특징 하얀 색의 배자 주변에 둥근 원이 있다.

알아두면 좋은 상식

신선한 달걀을 고르고 싶다면? 흔들어 봐!

신선한 달걀을 고르려면 흔들었을 때 아무런 소리가 나지 않는 걸 선택하면 돼요. 달걀에는 노른자가 가운데 있도록 잡아 주는 알끈이 있는데, 시간이 지날수록 알끈이 약해져요. 그래서 신선하지 않은 달걀을 흔들면 노른자가 이리저리 움직이면서 소리가 난답니다. 한 가지 더! 달걀의 둥근 쪽에는 숨구멍이 있어요. 그래서 둥근 쪽을 위로 향하게 두면 공기가 계속 드나들어서 달걀을 더 신선하게 보관할 수 있답니다.

닭장에서 알을 꺼내 봤어요. 그런데 어른들이 달걀을 보며 유정란인지 무정란인지 얘기하시더라고요. 유정란과 무정란, 어떻게 다른가요?

강원 S초등학교 3학년 **이수지**

무정란

유정란과 반대로 '무정란(없을 무 無, 정액 정 精, 알 란 卵)'은 정자가 없는 달걀이에요. 암탉이 수탉과 짝짓기를 하지 않아, 난자가 수정되지 않은 상태로 달걀이 된 거지요. 따라서 무정란은 아무리 품어도 병아리가 태어날 수 없어요.

암탉은 거의 매일 알을 낳아요. 하지만 양계장에서는 암탉만을 좁은 우리에 가두어 키우기 때문에 짝짓기를 할 수 없어서 무정란만 낳게 되지요. 유정란을 만들기 위해서는 넓은 공간에 암탉과 수탉을 함께 풀어 키워야 해요. 시간도 공간도 더 많이 필요하기 때문에 유정란은 무정란에 비해 가격이 비싸답니다.

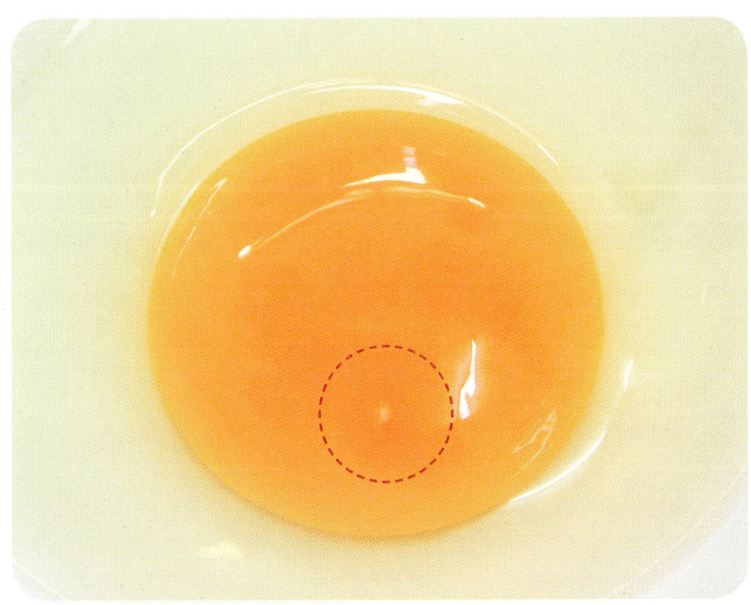

🔍 **바로 구분하기**
정의 난자와 정자가 만나는 수정이 일어나지 않아 병아리가 될 수 없는 달걀
만들어지는 방법 암탉이 짝짓기를 하지 않고 낳는다.
특징 배자 주변에 아무것도 없다.

 **재미있는 속담 이야기**

삶은 달걀에서 병아리 나오기를 기다린다.

병아리가 나올 수 없는 삶은 달걀에서 병아리가 나오기를 기다린다는 뜻으로, 도저히 이루어질 가망이 없는 것을 부질없이 기다린다는 뜻의 속담이에요. 무정란에서 병아리가 나오기를 기다리는 것과 같지요.
그런데 유정란이 더 좋은 달걀일까요? 영양성분만으로 보면 무정란과 유정란은 거의 차이가 없어요. 하지만 유정란은 무정란과 달리 넓은 공간에서 자유롭게 사는 건강한 닭이 낳았을 가능성이 높답니다.

멥쌀 vs. 찹쌀

고슬고슬하면 멥쌀, 쫄깃쫄깃하면 찹쌀

멥쌀

멥쌀은 메벼의 씨앗에서 껍질을 벗겨낸 알맹이에요. 겉껍질만 벗긴 것은 현미, 속껍질인 쌀겨까지 모두 제거해 가장 안쪽에 있는 배젖만 남은 것을 흰쌀이라고 불러요. 우리가 매일 밥으로 지어먹는 쌀이 바로 멥쌀이랍니다.

우리가 흔히 아는 곡식에는 대부분 녹말 성분이 많아요. 녹말은 식물이 광합성을 하여 만드는 물질인데, 전분이라고도 해요. 녹말은 아밀로오스와 아밀로펙틴이라는 두 가지 성분으로 이루어져 있어요. 아밀로펙틴이 많을수록 찰기가 있는데, 찹쌀은 대부분 아밀로펙틴으로만 이루어진 반면, 멥쌀은 아밀로오스가 20~30% 가량 들어 있어서 찹쌀보다 끈기가 적어요.

🔍 바로 구분하기
식감 질퍽거리지 않고 담백함
용도 밥을 지어 먹는 쌀, 떡을 만들기도 한다.
외형 배젖이 반투명하다.

알아두면 좋은 상식

차조와 메조? 차기장과 메기장?

조밥을 본 적 있나요? 조, 기장 모두 곡식의 한 종류예요. 정월대보름날 먹는 오곡밥에 꼭 들어가는 곡식들이죠. 그런데 조 중에도 차조와 메조가 있고, 기장도 차기장과 메기장으로 나뉜다는 사실, 알고 있나요? '차'라고 붙으면 찹쌀과 닮아 쫄깃한 맛이 있다는 뜻이고, '메'가 붙으면 멥쌀처럼 찰기가 적다는 뜻이에요. 옥수수의 경우에도 메옥수수와 찰옥수수로 나뉜다고 하니, 옥수수나 조, 기장을 살 때 꼭 참고하세요!

제가 가장 좋아하는 떡은 절편과 찹쌀떡이에요. 엄마께서 절편은 멥쌀, 찹쌀떡은 이름처럼 찹쌀로 만든다고 하셨어요. 두 쌀은 어떻게 다른가요?

대구 K초등학교 6학년 **박수림**

찹쌀

찰벼의 씨앗이 찹쌀이에요. 찹쌀로 만든 음식은 인절미나 찹쌀떡처럼 한입 물었을 때 질퍽하게 씹히고 쫄깃쫄깃해요. 찹쌀이 대부분 아밀로펙틴으로 이루어져 있기 때문이죠. 아밀로펙틴은 뜨거운 물에 녹으면 끈적끈적해져요. 그래서 쫄깃한 떡을 만들 때는 찹쌀이 꼭 필요하지요.

멥쌀은 오래되면 수분이 날아가고 아밀로오스 성분에도 변화가 생겨 밥을 지으면 퍽퍽해요. 이럴 때 찹쌀을 조금 섞으면 찰기가 더해져서 밥이 맛있어져요. 아밀로펙틴은 아밀로오스보다 소화도 잘 되기 때문에 속이 불편한 사람에게는 찹쌀을 넣은 죽을 쑤어 주기도 해요.

🔍 **바로 구분하기**
식감 질퍽하게 씹히고 쫄깃쫄깃함
용도 찰밥이나 떡
외형 배젖이 하얗고 불투명하다.

재미있는 **속담 이야기**

싸라기밥을 먹었나.

쌀이 부서져서 반 토막이 된 것을 싸라기라고 해요. 상대방이 반말할 처지가 아닌데 반말을 할 때 빈정거리며 쓰는 속담으로, 반토막 난 쌀을 먹어서 말도 짧게 하느냐는 의미예요.

싸라기가 많은 쌀은 좋은 쌀이 아니에요. 그래서 싸라기와 형태가 온전한 쌀의 비율로 쌀의 품질을 표시하기도 해요. 깨진 데가 없는 쌀을 완전미라고 하는데, 완전미가 93% 이상이면 고급미, 88~92% 정도면 일반미, 88%가 되지 않으면 저가미로 분류하지요.

바지락 vs. 꼬막

납작한 건 바지락, 동그란 건 꼬막

바지락

바지락은 껍데기에 거미줄처럼 한 점에서 사방으로 뻗어 나가는 무늬가 가늘고 촘촘하게 나 있어요. 또 검은색, 갈색 등 색이 다양하지요. 바지락은 바다와 땅이 만나는 연안에서부터 수심(水深. 물의 깊이) 10m 이내의 모래 바닥이나 진흙 속에서 살아요. 껍데기의 길이는 4cm, 두께는 3cm 정도로 크기가 작답니다.

바지락은 여름철에 알을 낳기 때문에 봄에 크기도 커지고 살도 찬답니다. 그래서 바지락은 3~4월이 제철이에요. 바지락이 알을 낳는 시기인 7월 초순부터 8월 중순까지는 독이 있어 가능하면 먹지 않는 게 좋아요.

🔍 바로 구분하기

학명 Tapes philippinarum
크기 껍데기 길이 약 4cm, 높이 약 3cm
분포지역 우리나라(특히 서해안), 러시아 사할린, 일본, 중국, 타이완
특징 꼬막보다 납작한 모양. 껍데기에 방사상 무늬가 가늘고 촘촘하다. 갈색, 검은색 등 색이 다양하다.

알아두면 좋은 상식

새끼 바지락인 줄 알았어! 재첩

바지락과 비슷하게 생겨서 헷갈리는 조개가 또 있어요. 바로 '재첩'이랍니다. 재첩은 재첩과에 속하며 다 자라도 길이가 2cm 내외로 바지락에 비해 크기가 훨씬 작아요. 재첩은 하천이나 강에 사는 민물조개로, 우리나라의 낙동강 하류에 많이 살고 있어요. 껍데기에 무늬는 없으며, 모래바닥에서 사는 것은 황갈색, 진흙 펄에서 사는 것은 검은색을 띠지요. 주로 껍질 째 삶아 국으로 먹어요.

엄마랑 수산물 시장에 갔어요. 해산물 가게에서 바구니에 담긴 조개를 보고 '바지락이다!' 하고 외쳤더니, 아주머니가 바지락이 아니라 꼬막이라고 하셨어요. 바지락과 꼬막, 정말 비슷하게 생겨서 헷갈려요!

아이디 dnjs**** 이준우

꼬막

꼬막은 모양과 크기가 바지락과 비슷하지만, 납작한 바지락과 달리 마치 공처럼 둥근 모양이에요. 껍데기는 회갈색인데 줄무늬가 굵게 패여 있어서 만졌을 때 거칠거칠한 느낌이 나요.

다른 조개들은 대부분 속살이 노란 빛이 도는 흰색인 반면, 꼬막은 속살이 붉은 빛이에요. 꼬막살이 붉은 이유는 꼬막의 피 속에 산소를 운반하는 '헤모글로빈'이 있어서예요. 붉은색이 선명할수록 신선하다는 걸 뜻하지요.

꼬막은 추운 겨울을 나기 위해 살을 찌우는 가을이 제철이랍니다.

바로 구분하기

학명 Cyclina sinensis
크기 껍데기 길이 약 5cm, 높이 약 5cm
분포지역 우리나라, 홍콩, 필리핀, 남동 중국해와 타이완, 일본 등지
특징 공처럼 둥근 모양. 껍데기에 방사상 무늬가 두껍고 선명하다. 껍데기가 검은 회갈색이다.

오뉴월 땡볕에 바지락 풍년.

음력 오뉴월은 양력 7~8월로 여름을 의미해요. 여름이 되어 수온이 오르면 바지락은 껍질이 자라서 커진답니다. 하지만 조갯살은 제대로 자라지 않아서 겉보기와 달리 속이 알차지 못해요. 게다가 이때는 바지락이 알을 낳는 시기로 독성이 있어 먹을 수 없지요. 이 속담은 겉으로 보기에는 그럴싸하지만 실속은 거의 없다는 뜻으로 사용해요. 비슷한 속담으로 '속빈 강정', '빛 좋은 개살구' 등이 있어요.

귤 vs. 청견
껍질 까기가 쉬운 귤

귤

우리가 흔히 먹는 귤의 정확한 이름은 '온주밀감'이에요. 귤은 감귤나무과에 속하는 나무의 과일을 뜻하는 것으로 온주밀감, 레몬, 유자, 오렌지 역시 모두 귤의 일종이랍니다.

온주밀감은 껍질이 얇아서 쉽게 벗길 수 있는 것이 특징이에요. 온주밀감의 알맹이 속에는 원래 새끼손톱만 한 연두색 씨앗이 들어 있었어요. 하지만 사람들이 먹기 편하게 하기 위해서 씨 없는 감귤을 만들었답니다.

밀감은 수확한 뒤에도 서서히 익는 '후숙 과일'이기 때문에 10월~11월에 수확해서 겨울 내내 맛있게 먹을 수 있어요.

🔍 **바로 구분하기**
모양 흔히 보는 귤 모양
맛 새콤하고 달콤하다.
특징 껍질을 쉽게 깔 수 있다.

알아두면 좋은 상식

귤의 친구들! 한라봉, 오렌지, 자몽, 유자

한라봉
한라봉은 꼭지 부분이 불룩하게 튀어나온 것이 특징이에요. 귤에 비해 껍질의 감촉은 거칠지만, 과육이 부드럽고 즙이 많으며 귤보다 단맛이 강하답니다.

오렌지
공처럼 둥그런 모양에 껍질 표면이 우둘투둘해요. 귤에 비해 껍질이 질기고 두껍지요. 또 밑 부분에 배꼽처럼 생긴 꼭지가 있어요. 신맛이 적고 단맛이 강하답니다.

엄마께서 간식으로 과일을 주셨어요. '와, 귤이다!' 하고 좋아했는데 귤이 아니라 청견이라는 거예요. 귤이랑 똑같이 생겼는데…. 청견도 귤인가요?

고양 J초등학교 3학년 박경희

청견

청견은 약간 납작한 오렌지 모양으로, 밀감보다는 껍질 표면이 매끈하고 오렌지보다는 껍질의 두께가 얇은 귤이에요. 보통 우리가 먹는 온주밀감에 비해 2배 정도 더 크고 무거워요. 청견은 겨울을 지나 3월에 수확한답니다.

청견은 밀감과 오렌지를 꽃가루받이해서 만들었어요. 한라봉이나 천혜향, 레드향, 황금향 등도 여러 가지 귤을 교배하여 만들었답니다. 종류는 달라도 귤은 모두 건강에 좋은 비타민C가 풍부해요. 또 하얀 속껍질에는 식이섬유소가 풍부해 변비를 예방하는 효과가 있으니 제거하지 않고 먹는 게 좋아요.

바로 구분하기
모양 납작한 오렌지 모양, 껍질이 매끈하다.
맛 오렌지 향이 나며, 귤보다 더 단맛이 난다.
특징 귤에 비해 크고 무겁다.

알아두면 좋은 상식

자몽
포도와 비슷한 향이 난다고 해서 영어 이름이 '그레이프프루트'예요. 오렌지보다 크고, 쓴 맛이 조금 나는 것이 특징이지요. 과육은 붉은빛, 노란빛 등의 색을 띠어요.

유자
살짝 찌그러진 공 모양으로 껍질이 울퉁불퉁해요. 밝은 노란색을 띠며 신맛이 강하지만, 과육이 부드럽고 향기가 좋아 설탕에 절여 유자차를 만들어 먹어요.

낙지 vs. 주꾸미

크고 매끈한 건 낙지, 작고 오톨도톨한 건 주꾸미

낙지

낙지는 뼈가 없고 유연한 연체동물이에요. 흔히 '낙지 머리'라고 하는 둥근 부분은 사실 내장이 들어 있는 몸통이랍니다. 낙지의 몸은 가장 위에 몸통, 몸통과 다리 사이에 눈이 달린 작은 부분이 머리, 그리고 머리 아래에 달린 다리로 이루어져 있지요.

낙지는 아주 긴 다리를 가지고 있어요. 낙지의 전체 길이는 60~90cm 정도인데, 이 중 다리가 전체 길이의 약 6분의 5를 차지한답니다. 낙지는 긴 다리로 얕은 바다의 돌 틈이나 갯벌에 굴을 파고 살아요.

🔍 바로 구분하기
- **학명** *Octopus variabilis*
- **크기** 몸길이 60~90cm
- **분포지역** 우리나라, 일본, 중국
- **특징** 크기가 주꾸미보다 크다. 피부가 매끈하다.

알아두면 좋은 상식

내 다리는 세 개가 아냐! 세발낙지

세발낙지는 다리가 세 개라는 뜻이 아니라, '가늘다'는 뜻의 한자 '세(가늘 세 細)'를 붙여 '다리가 가느다란 낙지'라는 뜻의 이름이에요. 낙지와 종류가 다른 게 아니라, 아직 채 자라지 못한 어린 낙지를 가리키는 말이랍니다. 몸 전체 길이가 약 20cm로 작은 편이고, 다리에 달린 빨판의 힘도 약하지요. 세발낙지는 크기가 작고 가늘어서 부드러운 맛이 일품이랍니다.

엄마께서 반찬으로 매콤 달콤한 낙지볶음을 해 주셨어요. 그런데 다 먹고 여쭤 보니 낙지가 아니라 주꾸미라는 거예요. 낙지와 주꾸미의 차이점이 뭔가요?

홈스쿨링 4학년 **송예지**

주꾸미

주꾸미도 낙지와 마찬가지로 연체동물이에요. 몸통 아래 머리가 있고 그 아래 여덟 개의 다리가 달려 있어서 언뜻 보면 낙지와 헷갈리기 쉽지요. 하지만 주꾸미는 몸 전체 길이가 약 15~25cm로 낙지보다 훨씬 작답니다.

주꾸미는 다리 길이가 몸 전체의 3분의 2를 차지해요. 또한 피부가 매끈한 낙지와 달리, 몸 전체에 아주 작은 돌기들이 빽빽하게 나 있어요. 양쪽 눈 아래에 금색을 띠는 동그란 무늬가 있는 것도 주꾸미만의 특징이랍니다.

🔍 바로 구분하기

학명 *Octopus ochellatus*
크기 몸길이 15~25cm
분포지역 우리나라, 일본, 중국, 인도, 태평양 연안
특징 크기가 낙지보다 작다. 몸 전체에 아주 작은 돌기들이 빽빽하게 나 있다. 눈 아래에 금색 동그라미 무늬가 있다.

재미있는 속담 이야기

봄 주꾸미, 가을 낙지.

주꾸미는 봄에 맛있고 낙지는 가을에 맛이 좋다고 알려져 있어요. 9월부터 이듬 해 2월까지가 제철인 낙지는 예로부터 피로 회복에 좋은 음식으로 유명하답니다. 조선시대에 우리나라의 수산물에 대해 쓴 책인 〈자산어보〉에 '말라빠진 소에게 낙지 서너 마리를 먹이면 곧 강한 힘을 갖게 된다'라는 기록이 있을 정도지요. 주꾸미는 3~5월이 제철로, 이때가 알을 낳는 시기이기 때문에 몸 안에 밥알 모양의 고소한 알이 있어 인기랍니다.

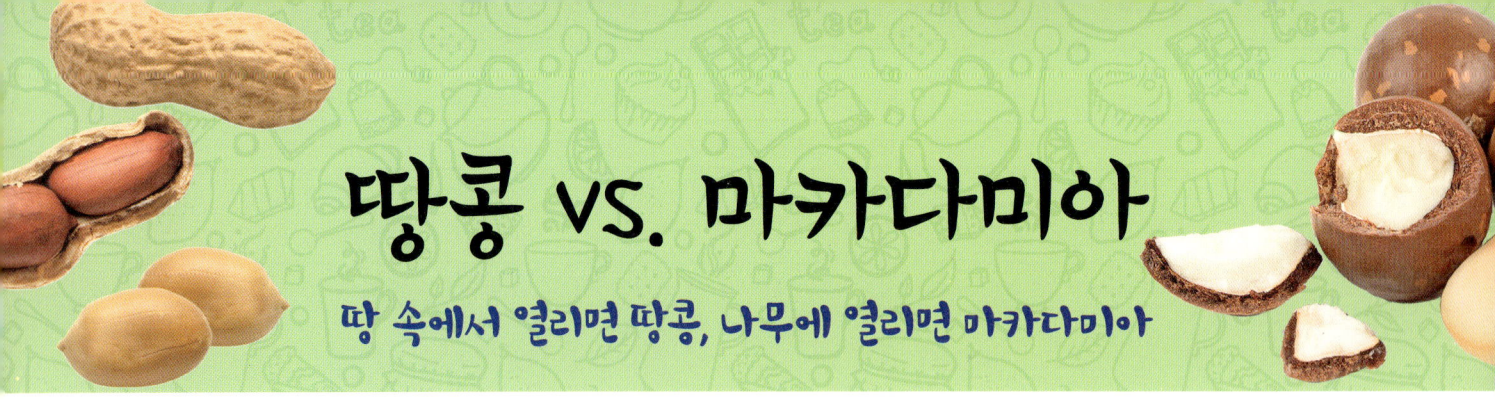

땅콩 vs. 마카다미아

땅 속에서 열리면 땅콩, 나무에 열리면 마카다미아

땅콩

단단한 껍데기를 깐 뒤 갈색 껍질을 벗겨 먹는 고소한 땅콩은 아몬드나 호두와 같은 견과류의 일종이에요. 하지만 사실은 강낭콩이나 완두콩과 같은 콩과 작물이랍니다. 처음 땅콩을 깔 때 부숴야 하는 단단한 껍데기가 바로 땅콩의 콩깍지인 셈이지요.

땅콩은 연평균 기온이 12℃ 정도면 무난하게 잘 자라기 때문에 우리나라 전역에서 재배하고 있어요. 땅콩이 자라는 과정은 아주 놀라워요. 초여름에 꽃에서 가는 줄기가 자라 땅을 파고 들어가요. 바로 이 땅 속 줄기에 땅콩이 열린답니다.

🔍 바로 구분하기
학명 *Arachis hypogaea*
원산지 브라질
크기 식물 높이 약 60cm, 땅콩 크기 1~2cm
특징 단단한 껍데기를 깐 뒤, 갈색 껍질을 벗겨 먹는다. 땅 속으로 들어간 줄기에 열린다.

알아두면 좋은 상식

나도 헷갈린다고? 아몬드

터키가 원산지인 아몬드는 미국 캘리포니아 주에서 대규모로 재배하면서 널리 알려진 견과류예요. 열매가 복숭아처럼 생겼지만 과육은 먹을 수가 없고, 가운데 있는 씨앗 속의 알맹이를 먹어요. 지금으로부터 약 4000년 전부터 재배했다는 기록이 있을 정도로 역사가 깊은 견과류랍니다. 아몬드는 초콜릿, 아이스크림 등 다양한 음식에 사용하는데, 아몬드를 갈아 즙을 짠 '아몬드 밀크'를 만들어 먹기도 하지요.

요즘 인터넷에서 땅콩과 마카다미아에 대한 광고가 많이 보여요. 둘다 딱딱하고 고소한 콩 같은데, 무엇이 다른가요?

홈스쿨링 4학년 **김현우**

마카다미아

마카다미아는 우리나라에서는 자라지 않는 견과류예요. 호주가 원산지이지만 전 세계 생산량의 90%가 하와이에서 난답니다.

마카다미아는 땅콩과는 달리 나무에서 열리는 열매예요. 나무에 지름 2.5cm 정도의 동그란 열매가 열리는데, 아주 단단한 갈색 속 껍데기를 가지고 있어요. 이 껍데기는 다른 어떤 견과류보다도 단단하지요.

마카다미아는 지방 함유량이 높아 고소하지만 느끼하지 않고 담백한 맛이 난답니다. 가장 맛있게 먹는 방법은 소금을 살짝 뿌려 날 것으로 먹는 거래요.

🔍 바로 구분하기

학명 *Macadamia tenuifolia*
원산지 호주
크기 나무 높이 10~18m, 마카다이아 크기 1~2cm
특징 견과류 중 가장 단단한 껍질 속에 들어 있다.
나무에 2.5cm 정도의 동그란 열매가 열린다.

알아두면 좋은 상식

정월대보름에 부럼을 먹는 이유는?

우리나라에는 한 해 농사를 시작하는 절기인 정월대보름에 온 가족이 모여 오곡밥과 나물, 귀밝이술, 부럼 등을 먹으며 풍년과 건강을 기원하는 풍습이 있어요. 특히 정월대보름 아침에 견과류인 호두, 잣, 땅콩과 같은 '부럼'을 깨물어 먹으면 한 해 동안 종기나 부스럼이 나지 않고 치아가 튼튼해진다고 믿었답니다. 겨울 동안 부족하기 쉬운 비타민과 무기질을 견과류로 보충하는 조상들의 지혜를 엿볼 수 있는 풍습이에요.

참깨 vs. 들깨

타원형은 참깨, 동그란 건 들깨

참깨

참깨는 높이가 1m 정도이고 흰 털이 빽빽하게 나는 풀이에요. 우리가 흔히 참깨라고 부르는 것은 이 풀의 씨앗이랍니다. 늦봄에서 초여름이면 흰색 또는 연한 자주색의 꽃이 피는데, 꽃은 밑동 부분이 붙어있고 꽃잎 끝이 5개로 갈라져 있어요. 꽃이 지면 그 자리에 2~3cm의 둥근 기둥 모양 열매가 생기는데, 한 열매에 약 80개의 참깨 씨앗이 들어 있지요.

참깨 씨앗은 자세히 보면 한쪽은 뾰족하고 다른 한쪽은 둥그스름한 타원형에 납작한 모양이에요. 이것을 볶아서 짜낸 기름이 바로 참기름이랍니다.

🔍 바로 구분하기
학명 *Sesamum indicum*
원산지 인도 또는 아프리카 열대 지방
크기 식물 높이 1m
특징 한쪽이 뾰족한 타원 모양으로 씨앗의 색은 흰색, 노란색, 검은색 등 다양하다.

알아두면 좋은 상식

너무 볶아서 탄 게 아냐! 검은깨

검은깨는 참깨 중에서도 색이 검은 것을 말해요. 참깨는 흰색, 노란색, 검은색 등 그 색깔이 다양한데, 씨앗을 보지 않고 풀만 봐서는 속에 어떤 색의 씨앗이 들었는지 구별하기 힘들어요. 풀은 모두 똑같이 생겼으니까요. 검은깨는 '흑임자'라고도 부르는데, 예로부터 사람이 오래 사는 데 도움이 되는 식품으로 귀하게 여겨왔어요. 신선이 먹는 약이라고 하여 '선약(신선 선 仙, 약 약 藥)'이라고 불리기도 했답니다.

설에 친척 언니들과 고소한 깨로 만든 강정을 먹었어요. 제가 참깨 강정이 맛있다고 했더니, 친척 언니가 참깨가 아니라 들깨라고 했어요. 참깨랑 들깨가 다른 건가요?

여주 B초등학교 3학년 **이성준**

들깨

들깨는 우리가 즐겨 먹는 깻잎의 씨앗이에요. 높이는 50~60cm까지 자라지요. 들깨 꽃은 밑동이 붙어 있고, 꽃잎 끝이 5개로 갈라져 있어요. 참깨에 비해 꽃 크기가 작고 꽃받침이 크답니다. 들깨 꽃받침에는 4개의 씨방이 있는데, 각 씨방에 들깨가 하나씩 들어 있어요.

들깨 씨앗은 공처럼 둥근 모양에 갈색을 띠는데, 이것을 볶아서 짜낸 기름이 바로 들기름이지요.

바로 구분하기
학명 *Perilla frutescens* var. *japonica* Hara
원산지 인도의 고지, 중국 중남부
크기 식물 높이 50~60cm
특징 동그란 공 모양으로 씨앗의 색이 갈색이다.

재미있는 속담 이야기

기름 엎지르고 깨 줍기.

큰 이익을 버리고 보잘것 없는 작은 이익을 찾는 어리석은 행동을 한다는 뜻의 속담이에요. 참깨에는 지방이 약 50% 들어 있어요. 그래서 참기름을 얻기 위해서는 두 배가 넘는 양의 참깨가 있어야 하지요. 게다가 참깨의 수확량이 많지 않아서 비싼 식재료랍니다. 그러니 비싼 참기름을 엎지르고 작은 깨알을 줍는 건 어리석은 행동이겠지요?

열무김치 vs. 총각김치

뿌리가 어른 손가락 하나 크기면 열무, 세 개 크기면 총각무

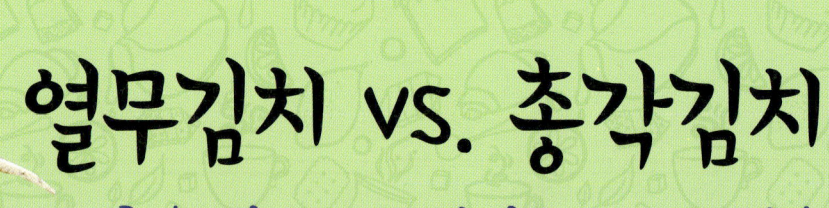

열무김치

열무김치는 열무로 담근 김치를 말해요. 열무는 '어린 무', 또는 '여린 무'라는 의미예요. 하지만 우리가 흔히 보는 커다란 무의 어린 싹과 뿌리가 아니라, 다 자라도 크기가 작은 무의 한 종류랍니다. 열무는 줄기가 풍성하고 뿌리는 어른 손가락 하나 크기 정도예요.

열무김치는 김장 김치와 달리 주로 여름에 담그고, 담근 지 하루 이틀 만에 먹을 수 있어요. 배추 김치처럼 고춧가루를 듬뿍 넣고 국물 없이 맵게 담궈 먹기도 하고, 물김치처럼 국물을 넉넉하게 담그기도 해요.

🔍 바로 구분하기
재료 열무
요리 법 고춧가루를 듬뿍 넣고 국물 없이 맵게 담그거나, 물김치처럼 국물을 넉넉하게 담궈 먹는다.

알아두면 좋은 상식

무청이 쓰레기? 아니 시래기!

무의 잎과 줄기인 무청을 말린 것을 '시래기'라고 불러요. 우리가 김장할 때 쓰는 커다란 무의 무청은 김치에 넣지 않아요. 다 자란 무청은 억세고 단단해서 생으로 먹기 힘들기 때문이지요. 하지만 잘 말려서 시래기로 만든 뒤 삶으면 부드러워지기 때문에 맛있게 먹을 수 있어요. 시래기를 활용한 요리로는 시래기 나물, 시래기 된장국, 시래기 감자탕 등이 있어요.

엄마가 김장을 하셨어요. 통통하고 아삭아삭한 작은 무로 담근 김치도 있는데 아빠는 '열무김치', 엄마는 '총각김치'라고 부르시더라고요. 둘 다 같은 말인가요?

홈스쿨링 3학년 **이지영**

총각김치

총각무로 담근 김치가 총각김치예요. 총각무는 '알타리무'라고도 불러요. 끝이 둥그런 모양으로 어른 손가락 두세 개 크기 정도의 작은 무지요.

옛날 우리나라 사람들은 모두 머리카락을 길렀는데, 결혼을 한 남자는 상투를 틀고 총각은 머리를 땋아서 길게 늘어트리고 다녔어요. 총각무는 무의 잎과 줄기를 뜻하는 '무청'의 생김새가 옛날 총각의 땋은 머리와 닮아서 이렇게 이름을 붙였대요.

총각무는 배추김치처럼 일반적인 김치를 담그는 경우가 많지만, 겨울에 먹는 물김치인 '동치미'의 재료로도 사용해요.

 **바로 구분하기**
재료 총각무
요리 법 일반적인 김치 또는 동치미를 담근다.

재미있는 속담 이야기

열무김치 맛도 안 들어서 군내부터 난다.

김치는 만든 뒤 일정한 시간이 지나 발효되면 시큼한 맛과 향이 나요. 발효가 되는 것을 '익는다' 혹은 '맛이 든다'고 표현하지요. 그런데 김치가 너무 많이 익거나 잘못 담그면 좋지 않은 냄새인 '군내'가 나요. 열무김치가 익지도 않았는데 군내가 난다는 것은 조리 방법이 잘못되었기 때문이에요. 이 속담은 맛이 들기도 전에 나쁜 냄새가 나는 열무김치처럼, 일찌감치 못된 버릇부터 들인 사람을 비꼬거나 나무랄 때 사용하는 표현이랍니다.

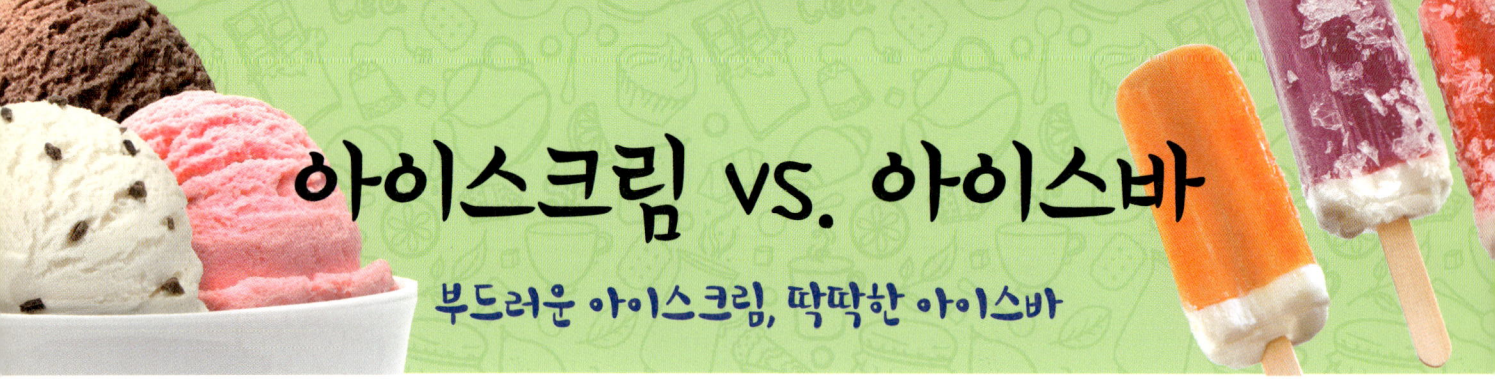

아이스크림 vs. 아이스바
부드러운 아이스크림, 딱딱한 아이스바

아이스크림

크림처럼 부드럽고 입 안에서 살살 녹는 아이스크림의 비결은 바로 우유의 지방이에요. 우유의 지방을 '유지방'이라고 하는데, 아이스크림에 들어 있는 유지방은 얼음 결정을 에워싸서 얼음 결정을 작게 만들어요. 그래서 일반 얼음보다 아이스크림이 부드럽게 느껴지는 것이랍니다.

아이스크림이 부드러운 또 다른 이유는 얼음 결정 사이사이에 공기가 많이 섞여 있기 때문이에요. 그래서 아이스크림을 만들 때는 얼리는 중에 계속 저어서 공기가 많이 들어가게 해야 해요.

🔍 **바로 구분하기**
유지방 5~10%
얼음 입자 작다.
만드는 법 우유의 지방에 다른 재료를 넣고 얼리면서 계속 저어준다.

📖 **알아두면 좋은 상식**

아이스크림으로 튀김을 만든다고?

아이스크림 튀김을 알고 있나요? 아이스크림에 튀김옷을 입힌 뒤 재빨리 튀겨낸 음식이지요. 금세 녹는 아이스크림을 뜨거운 기름에 튀길 수 있는 이유는 바로 튀김옷 속 공기가 열을 막아 주기 때문이에요. 뜨거운 기름에 닿는 순간, 튀김옷이 부풀어 올라 기름의 열기가 아이스크림에 전달되지 않아요. 그래서 튀김옷만 익고 아이스크림은 녹지 않아 튀김옷은 바삭, 속은 부드러운 아이스크림 튀김을 만들 수 있답니다.

맛있는 아이스크림을 만들고 싶어서 오렌지주스를 컵에 담아 냉동실에 넣어서 얼렸어요. 그런데 부드러운 아이스크림이 아니라 딱딱한 아이스바가 되어버렸어요. 아이스크림과 아이스바는 만드는 법이 다른 걸까요?

홈스쿨링 4학년 **송아림**

아이스바

아이스바는 과즙이나 우유에 물과 설탕을 섞어 딱딱하게 얼린 것을 말해요. 유지방이 거의 들어 있지 않아서 단단하기 때문에 단단하다는 뜻의 영어 '하드(hard)'를 붙여 '하드 아이스크림'이라고 부르기도 해요.

아이스바는 유지방이 없거나 적기 때문에 얼음 결정이 크고 질감이 거칠어요. 그리고 훨씬 차갑게 느껴지지요. 물이 0℃에서 어는 것에 비해 설탕이 들어간 아이스바는 더 낮은 온도에서 얼어요. 0℃에서 물은 꽝꽝 얼지만, 아이스바는 미처 다 얼지 않아요. 그래서 아이스바는 얼음보다는 무르고 아이스크림보다는 딱딱해요.

🔍 **바로 구분하기**
유지방 없거나 아주 적다.
얼음 입자 크다.
만드는 법 과즙이나 우유에 물과 설탕을 섞어 딱딱하게 얼린다.

알아두면 좋은 상식

맛있는 빙수를 만드는 비법은?

부드럽고 맛있는 빙수를 만들려면 우유를 얼리거나 물에 연유를 섞어 얼려서 사용하면 좋아요. 아이스크림에 유지방을 사용하는 것과 같은 원리지요. 요즘에는 영하 25℃에서 물을 순식간에 얼려 얼음을 곱게 가루로 갈아만든 눈꽃빙수도 인기예요. 물을 순식간에 얼려 곱게 갈면 얼음 입자가 매우 작기 때문에 입에 넣자마자 사르르 녹는답니다. 이렇게 얼음 입자의 크기는 아이스크림과 아이스바, 빙수의 맛에 큰 영향을 줘요.

콩나물 vs. 숙주나물

머리가 크고 노란 건 콩나물, 있는 듯 없는 듯 하면 숙주

콩나물

된장을 만드는 콩인 노란 메주콩을 싹 틔운 것이 바로 콩나물이에요. 콩나물을 만드는 방법은 무척 간단해요. 메주콩을 물에 불렸다가 물이 잘 빠지는 그릇에 넣어, 어둡고 따뜻한 곳에 두면 싹이 나면서 콩나물이 된답니다. 콩이 마르지 않도록 틈틈이 물을 주고, 5~7cm 가량 자랐을 때 요리에 사용해요.

콩나물을 삶아 소금이나 간장으로 간을 해서 무치는 '콩나물 무침'은 맛도 영양도 일품이랍니다.

🔍 **바로 구분하기**
재료 메주콩
키우는 방법 메주콩을 물에 불렸다가 물이 잘 빠지는 그릇에 넣고, 어둡고 따뜻한 곳에 두고 자주 물을 준다.
특징 머리가 숙주나물보다 크고 노랗다.

알아두면 좋은 상식

녹색 콩나물의 비밀

콩나물 머리는 노란색을 띠어요. 그런데 가끔 머리가 녹색인 콩나물도 볼 수 있어요. 머리가 녹색인 콩나물은 염색을 한 것이 아니라, 어두운 곳에서 키워야 하는 콩나물에 햇빛을 쬐어서예요. 콩나물은 햇빛을 받으면 식물 세포 속에 있는 녹색 엽록소가 광합성을 하기 위해 드러나게되고 녹색을 띠게 돼요. 녹색으로 변한 콩나물은 노란 콩나물보다 질겨서 맛이 없기 때문에 콩나물을 키울 때는 반드시 어두운 곳에 두어야 한답니다.

저녁 반찬에 콩나물이 있어서 먹었는데 평소와 맛이 좀 달랐어요. 그래서 엄마에게 여쭤 봤더니 숙주나물이라고 하시더라고요. 콩나물과 숙주나물, 헷갈려요!

서울 Y초등학교 2학년 **이진서**

숙주나물

메주콩보다 작고 녹색을 띤 녹두를 싹을 틔워 만든 게 숙주나물이에요. 콩나물과는 달리 머리 부분이 작아서 머리를 보면 바로 구분할 수 있지요. 또 콩나물은 대부분 둥그런 떡잎만 있지만 숙주나물은 작은 본잎이 나 있기도 하답니다. 숙주나물도 키우는 방법은 콩나물과 비슷해요.

콩나물이나 숙주나물처럼 싹을 틔워 먹는 음식은 씨앗 상태일 때는 없었던 효소, 비타민, 아미노산 등 건강에 좋은 영양소가 더 많답니다.

🔍 바로 구분하기

재료 녹두
키우는 방법 녹두를 물에 불렸다가 물이 잘 빠지는 그릇에 넣고, 어둡고 따뜻한 곳에 두고 자주 물을 준다.
특징 머리가 콩나물보다 작고 연한 녹색이며 작은 본잎이 나있기도 하다.

 재미있는 속담 이야기

그늘 속에서 자란 콩나물 같다.

이 속담은 사람이 세상 물정도 모르고 키만 컸다는 의미예요. 모든 식물은 햇빛을 받아서 광합성을 해야 튼튼하게 자랄 수 있어요. 그늘에서 자라면 식물의 줄기가 길고 가느다랗게만 자라서 매우 약하지요. 하지만 콩나물은 가늘고 길어야 맛있기 때문에 일부러 어두운 곳에서 키워요. 햇빛을 받지 못하고 자란 콩나물은 맛은 있지만 가늘고 약하기 때문에, 약한 사람이나 세상물정을 모르는 사람을 뜻하는 속담이 되었답니다.

헷갈려! 맛있는 음식

피망 VS. 파프리카

껍질이 얇으면 피망, 두꺼우면 파프리카

피망

피망은 고추를 뜻하는 프랑스어예요. 키우기가 까다롭지 않아서 저렴한 가격에 판매하지요. 색깔은 빨강, 초록 두 가지이고 전체적으로 통통하면서도 길쭉한 모양이에요. 파프리카보다 열매 껍질이 얇고, 조금 매운 게 특징이랍니다.

우리나라에서는 피망과 파프리카를 따로 구분하지만, 외국에서는 피망과 파프리카를 구분하지 않고 둘 다 '스위트 페퍼(Sweet Pepper)'라고 불러요. 피망과 파프리카 모두 단맛이 약간 나기 때문에 달콤한 고추라는 이름을 붙인 거죠.

🔍 바로 구분하기
모양 파프리카보다 열매 껍질이 얇다.
색 빨강, 초록
맛 파프리카보다 맵다.

알아두면 좋은 상식

매운맛은 맛이 아니라고?

사람은 혀에 오돌토돌하게 돋은 '미뢰'를 통해 단맛, 짠맛, 신맛, 쓴맛, 감칠맛 이렇게 5가지 맛을 느껴요. 하지만 매운맛은 미뢰가 아니라 미뢰 주변에 있는 통증을 느끼게 하는 부분을 자극하는 거예요. 이 통증이 뇌에 전해져 '맵다'고 느끼는 것이기 때문에 매운맛은 '맛'이 아니라 '통증'인 것이지요. 통증인데도 기분이 좋아지는 이유는 뇌에서 나오는 '엔돌핀'이라는 물질 때문이에요. 매운 것을 먹으면 뇌는 혀가 느낀 통증을 가라앉히기 위해 엔돌핀을 내보내는데, 엔돌핀은 사람의 스트레스를 낮추고 기분을 좋게 만들어주는 역할을 해요. 그래서 '매운 것은 맛있다'고 생각하게 된 것이지요.

엄마가 채소가게에서 파프리카는 너무 비싸다며 피망을 사오셨어요. 피망과 파프리카는 모양도 거의 똑같은데 왜 가격 차이가 많이 나죠? 이유가 정말 궁금해요.

서울 D초등학교 3학년 **한우석**

파프리카

파프리카는 고추를 의미하는 네덜란드어예요. 네덜란드에서 파프리카의 씨를 들여왔기 때문에 이름도 '파프리카'라 붙인 거래요. 파프리카는 온도, 물 등 조건이 잘 맞아야만 자라기 때문에 키우기가 쉽지 않아요. 게다가 우리나라 고유 품종이 없어서 씨앗을 비싼 값에 수입해야 해서 피망보다 비싸답니다.

파프리카는 주황, 노랑, 빨강 외에도 보라색, 아이보리색 등 다양한 색이 있어요. 피망보다는 껍질이 두껍고 단맛이 더 강해요.

바로 구분하기
모양 피망보다 열매 껍질이 두껍다.
색 노랑, 주황, 빨강, 보라, 아이보리 등 다양한 색
맛 단맛이 많이 난다.

재미있는 속담 이야기

작은 고추가 맵다.

작고 마른 몸집이지만 힘이 센 사람도 많지요? 레슬링 선수처럼 말이에요. 이처럼 겉모습만으로 평가하지 말라는 뜻의 속담이랍니다. 커다란 피망과 파프리카보다 크기가 작은 고추가 더 맵다는 걸 생각하면 딱 맞는 뜻의 속담이지요. 하지만 고추가 작다고 해서 꼭 더 매운 건 아니에요. 품종에 따라 크기가 크고 매운 고추도 얼마든지 있으니까요.

골뱅이 vs. 우렁이

골뱅이는 고둥, 다슬기, 우렁이 등을 아우르는 말

골뱅이

골뱅이는 원래 뼈가 없고 나선 모양의 껍데기를 가진 연체동물 중에서 고둥이나 다슬기, 우렁이 등을 아울러 부르는 사투리예요.

우리가 먹는 골뱅이 무침에는 주로 '물레고둥'과 '큰구슬우렁이'를 사용해요. 물레고둥은 나선 모양의 껍데기가 뾰족하게 솟은 모양이고, 큰구슬우렁이는 둥근 나선형 껍데기이기 때문에 쉽게 구분할 수 있어요. 둘 다 쫄깃하고 고소하지만 큰구슬우렁이는 모랫바닥에서 살기 때문에 모래가 씹히는 경우가 있고, 물레고둥보다 좀 더 질기다고 해요.

〈물레고둥〉

🔍 바로 구분하기

〈물레고둥〉
- 학명 *Buccinum striatissimum*
- 분포지역 우리나라, 일본 등의 북태평양 바다
- 특징 나선 모양의 껍데기가 뾰족하게 솟은 모양

〈큰구슬우렁이〉
- 학명 *Glossaulax didyma*
- 분포지역 우리나라, 일본, 중국, 인도 등의 태평양 바다
- 특징 둥근 나선형 껍데기

알아두면 좋은 상식

인터넷의 골뱅이, @

이메일 주소는 '사용자 이름@도메인 이름'으로 구성되어 있어요. 이메일 주소에 포함된 @은 재미있게도 나라마다 다르게 읽혀요. 한국에서는 골뱅이, 미국에서는 앳 사인(at sign), 일본에서는 아토마쿠(at mark의 일본식 발음), 이탈리아에서는 달팽이(chiocciola), 네덜란드에서는 원숭이꼬리(apenstaartje), 러시아에서는 강아지(sobachka), 헝가리에서는 지렁이(kukac)라고 읽는답니다.

아빠가 술안주로 즐겨 드시는 새콤달콤한 골뱅이 무침은 저도 좋아하는 음식이에요! 그런데 골뱅이가 어떤 생물인지 잘 모르겠어요. 우렁이가 골뱅이인가요?

서울 S초등학교 5학년 **이상호**

우렁이

우렁이는 논에서 볼 수 있는 연체동물이에요. 우렁이는 단백질이 풍부하고 고소하며 쫄깃한 맛이 일품이라 된장찌개나 무침 등에 널리 쓰여요.

최근에는 우렁이를 이용한 농사 방법이 널리 퍼지면서 논에서 쉽게 볼 수 있어요. 농사에 사용하는 우렁이는 중국이 고향인 '왕우렁이'로, 물속에 잠겨 있는 풀을 먹어치우는 습성이 있어 잡초를 없애는데 효과적이라 농사에 도움이 되지요.

 **바로 구분하기**

학명 Cipangopaludina chinensis malleata
분포지역 우리나라, 일본, 타이완, 중국
특징 논에 살고 몸 색이 어둡다.

 재미있는 **속담 이야기**

우렁이 속에도 생각이 들었다.

아무리 어리석고 못난 사람이라도 다 그 나름대로의 생각을 가지고 있다는 뜻이에요. 속담에서는 '우렁이'를 어리석고 미련한 것으로 비유하고 있어요.

'우렁잇속'이라는 재미있는 표현도 있어요. 우렁이는 딱딱한 껍데기 속에 들어 있어서 그 속을 알기 어려워요. 그래서 내용이 복잡해서 헤아리기 어려운 일을 비유하며 '우렁잇속'이라고 해요. 품은 생각을 털어놓지 않는 의뭉스러운 속마음을 뜻하기도 한답니다.

굴 vs. 전복
물컹물컹한 굴, 쫄깃쫄깃한 전복

굴

우리가 먹는 굴의 정확한 이름은 '참굴'이에요. 굴은 양쪽에 껍데기가 있는 '조개류'로 바위에 붙어 살지요. 알에서 깨어난 굴은 약 20일 정도 바닷물 속을 떠다니다가 바위에 찰싹 붙은 뒤에는 더 이상 움직이지 않고 산답니다. 굴은 바닷물 속의 작은 생물인 '플랑크톤'을 아가미로 걸러서 먹고 살아요. 굴은 '바다의 우유'라고 불릴 정도로 영양이 풍부해요. 아연, 셀레늄, 철분, 칼슘과 비타민 A와 비타민 D 등 특히 성장기 어린이에게 필요한 영양성분이 많은 건강식품이에요.

🔍 바로 구분하기
학명 *Crassostrea gigas*
크기 껍데기 길이 8~15cm
분포지역 우리나라를 비롯한 북태평양, 지중해 연안, 오스트레일리아 연안
특징 양쪽에 껍데기가 있는 조개류
식감 물컹물컹하고 부드럽다.

알아두면 좋은 상식

굴 속에서 진주가?

굴은 진주조개와 친척이라 굴에도 진주가 생긴다는 사실, 알고 있나요? 굴의 몸속에 이물질이 들어와 껍데기 사이에 붙어서 조갯살을 싸고 있는 외투막에 끼어들면, 진주를 만드는 성분이 이물질을 둘러싸게 되지요. 여러 해 동안 진주 성분이 이물질 위에 쌓이고 쌓이면 예쁜 진주가 된답니다. 인공진주는 조개의 외투막에 사람이 둥근 핵을 넣어 만들어요.

114 헷갈려, 과학!

가을과 겨울에는 전복과 굴이 제철이라 맛있다고 해서 얼마 전에 온 가족이 함께 먹었어요. 그런데 굴인 줄 알고 먹었던 게 엄마께서 전복이라고 하시는 거예요! 대체 어떤 게 굴이고 어떤 게 전복이죠? 정말 정말 헷갈려요!

성남 B초등학교 6학년 **박우태**

전복

우리가 흔히 먹는 전복은 정확하게는 '참전복'으로, 전복에는 까막전복, 말전복, 오분자기 등 다양한 종류가 있어요. 전복은 위쪽에만 껍데기가 있고, 배에 있는 살을 발처럼 이용하는 '복족류'예요. 굴과는 달리 여기저기로 움직일 수 있기 때문에 다시마나 미역, 파래 등의 해조류 위를 미끄러지듯 움직이며 갉아 먹는답니다.

굴은 물컹물컹하고 부드럽지만, 전복은 쫄깃쫄깃하게 씹힌다는 점이 서로 달라요. 전복은 껍데기가 1년 동안에 2~3cm 정도만 자랄 정도로 천천히 자라기 때문에 대체로 가격이 비싸답니다.

바로 구분하기
학명 *Haliotis(Nordotis) discus hannai*
크기 껍데기 길이 약 12cm
분포지역 우리나라, 일본
특징 위쪽에만 껍데기가 있는 복족류
식감 쫄깃쫄깃하게 씹힌다.

재미있는 속담 이야기

배 타는 어부의 딸 얼굴은 까맣고, 굴 따는 어부의 딸 얼굴은 하얗다.

굴에는 피부색을 까맣게 하는 색소를 파괴하는 성분이 있어서 피부를 환하게 만들어 준다고 해요. 말 그대로 굴 따는 어부의 딸은 굴을 먹을 일이 많기 때문에 얼굴이 하얗다는 의미의 속담이랍니다. 하지만 산란기인 5~8월에는 독소가 있기 때문에 먹지 않는 게 좋대요. 또한, 굴은 겨울이 제철이지만 겨울에는 장염을 일으키는 노로 바이러스가 유행하기 때문에 익혀 먹는 게 좋아요.

밤 vs. 도토리

뾰족뾰족 가시 속에 밤, 모자를 쓰고 있는 도토리

밤

고슴도치처럼 가시가 뾰족뾰족 나 있는 껍질 속에 든 것이 바로 밤이에요. 밤나무의 열매지요. 밤은 날것을 먹기도 하고, 삶거나 구워먹기도 해요. 밤의 껍질에는 떫은맛이 나는 '타닌'이라는 성분이 들어 있어서 껍질을 벗긴 뒤 알맹이만 먹어야 한답니다.

추석 차례상에는 깎은 생밤을 올리는데, 차례상을 차리는 방법 중 하나를 알려 주는 '조율이시(대추 조 棗, 밤 율 栗, 배나무 이 梨, 감나무 시 柿)'에서 율이 바로 밤을 의미해요. 조율이시는 차례상에 왼쪽부터 대추, 밤, 배, 곶감 순으로 음식을 놓는다는 뜻이지요.

🔍 바로 구분하기
학명 *Castanea crenata var. dulcis*
크기 밤나무 높이 10~15m, 밤 크기 3~5cm
분포지역 아시아, 유럽, 북아메리카, 북아프리카 등의 온대지역
특징 가시가 뾰족뾰족 나 있는 껍질 속에 들었다. 껍질을 벗기면 날것으로 먹을 수 있다.

알아두면 좋은 상식

몸에 좋은 견과류 친구들

'견과류(굳을 견 堅, 열매 과 果, 무리 류 類)'는 딱딱한 껍질 속에 우리가 먹는 알맹이가 있는 음식이에요. 밤과 도토리는 물론 아몬드, 호두, 피스타치오 등이 견과류에 속하지요. 견과류는 탄수화물, 단백질, 지방, 비타민, 무기질 등 각종 영양소가 듬뿍 들어 있는 건강식품이에요. 미국의 유명한 시사 주간지 '타임'은 견과류를 10대 건강식품 중 하나로 선정하기도 했답니다.

〈여러 종류의 견과류〉

부모님과 함께 등산을 했어요. 길에 작은 밤이 많이 떨어져 있어서 주웠는데, 엄마께서 밤이 아니라 도토리라고 하셨어요. 매끈한 갈색 껍질에 동그란 생김새…, 도토리는 아기 밤인가요?

홈스쿨링 2학년 **김지은**

도토리

도토리는 모자를 쓴 것같은 모양으로 나무에 매달려 있어요. 떡갈나무와 졸참나무, 물참나무, 갈참나무, 돌참나무 등 참나무과 나무의 열매를 모두 도토리라고 부르지요.

졸참나무의 도토리 알맹이는 날것으로 먹을 수 있어요. 하지만 다른 도토리는 모두 껍질은 물론 알맹이에도 떫은 맛이 나는 '타닌'이 많이 들어 있어서 날것으로 먹을 수가 없어요. 그래서 도토리는 알맹이를 갈아서 가루로 만든 것을 물에 담가 떫은맛을 없앤 뒤, 묵이나 떡을 만들어 먹는답니다.

바로 구분하기
정의 참나무과 나무의 열매를 모두 도토리라고 부른다.
특징 모자를 쓴 것처럼 나무에 매달려 있다.
알맹이에도 떫은 맛이 나는 '타닌'이 많아서 날것으로 먹을 수 없다.

재미있는 속담 이야기

개밥에 도토리.

개는 도토리를 먹지 않아요. 그래서 밥 속에 도토리가 있어도 먹지 않고 남기지요. 이 모습이 마치 도토리가 따돌림을 받는 것처럼 보여서, 사람들 사이의 따돌림으로 어디에도 끼지 못하는 사람을 이렇게 불러요.
'개밥에 달걀'이라는 속담도 있어요. 개밥에 귀한 달걀을 넣는 것처럼 분에 넘치고 격에 맞지 않는다는 의미예요. 과거에는 달걀이 사람도 먹기 힘든 귀한 음식이었기 때문에 이런 속담이 생겼어요.

미역 vs. 다시마

얇고 부드러운 미역, 두껍고 뻣뻣한 다시마

미역

생일날 먹는 대표적인 음식, 미역국의 재료인 미역은 바다에 사는 해조류예요. 익히지 않고 생으로 먹을 수도 있지만, 보관이 쉽도록 잘 말려 두었다가 물에 불려서 익혀 먹는 경우가 많아요.

미역은 갈색 색소를 가지고 있어서 갈조식물이라고 불리는데, 미역을 뜨거운 물에 넣으면 갈색 색소가 연해지면서 미역 속에 있던 녹색의 '엽록소'가 드러나서 녹색으로 바뀌어요.

미역은 중간에 줄기처럼 보이는 굵은 부분이 있다는 점이 다시마와 달라요.

🔍 바로 구분하기
학명 Undaria pinnatifida
분포지역 우리나라 전역, 일본 등
크기 길이 1~2m, 폭 50cm
특징 줄기처럼 보이는 굵은 부분이 있다.

알아두면 좋은 상식

갈색이라서 건강에 좋은 갈조식물

갈조식물은 대부분 바다에서 살고, 전 세계에는 약 1500종의 갈조식물이 있어요. 갈조식물은 녹색의 엽록소 외에도 '갈조소'라는 갈색의 색소를 가진 식물이지요. 갈조소는 '푸코잔틴'이라고도 부르는데, 빛에너지를 붙잡아 광합성을 하는 엽록소에 전달하는 역할을 해요. 갈조소를 먹으면 몸에 지방이 쌓이는 것을 막아서 체중 감량을 도와준다는 연구 결과가 있답니다. 비만이 걱정되는 친구들은 미역과 다시마를 먹으면 도움이 되겠죠?

생일날 먹는 미역국은 제가 정말 좋아하는 음식이에요. 국을 끓일 때 넣거나, 라면에 들어 있는 다시마도 정말 좋아하지요. 그런데 미역과 다시마는 도대체 어떤 차이가 있나요? 궁금해요!

대전 G초등학교 6학년 **최창민**

다시마

다시마도 바다에 사는 해조류랍니다. 다시마 역시 생으로도 먹을 수 있지만 대부분 미역처럼 말려서 보관해요. 다시마는 원래 미역처럼 길다란 모양이지만, 포장하기 쉽고 꺼내쓰기 쉽도록 네모 모양으로 잘라서 봉지에 담아 판매하는 경우가 많아요.

다시마도 미역과 같은 이유로 익히면 녹색으로 변해요. 하지만 다시마는 미역과 달리 줄기처럼 보이는 부분이 없고, 잎 자체가 미역보다 두꺼워요.

바로 구분하기
학명 Laminaria
분포지역 우리나라, 일본, 캄차카반도 등의 태평양 연안
크기 길이 1.5~3.5m, 폭 25~40cm
특징 줄기처럼 보이는 굵은 부분이 없다.

재미있는 속담 이야기

미역국 먹고 생선 가시 내랴.

요즘은 소고기나 조개뿐만이 아니라, 우럭 등의 생선을 넣은 미역국도 제주도 등 여러 곳에서 볼 수 있어요. 하지만 옛날에는 미역국에 생선을 넣지 않았어요. 이 속담은 있지도 않은 것을 내놓으라는 말로, 불가능한 일을 자꾸 우겨대는 경우에 사용하는 속담이에요. '홍두깨로 소를 몬다.'는 속담도 같은 뜻의 속담으로, 홍두깨는 옷감을 다듬을 때 사용하는 나무 막대기랍니다.

서리 vs. 성에

땅이나 식물에 내리면 서리, 창이나 냉장고에 생기면 성에

🔍 **바로 구분하기**
모양 얼음 결정 모양
특징 지표면의 물체에 공기 중의 수증기가 달라붙어 만든 얼음 결정

서리

밤이나 새벽에 기온이 낮아지면 공기 중의 수증기가 땅이나 풀, 나무 같은 물체에 이슬로 맺혀요. 그런데 기온이 얼음이 어는 온도인 0℃ 아래로 내려가면 이슬이 아니라 얼음 결정인 서리가 된답니다. 겨울 아침에 눈이 오지 않았는데도 풀이나 나무, 땅바닥, 자동차가 하얗게 보이는 이유가 바로 서리 때문이에요.

기온이 0℃보다 높을 때도 서리가 생길 수 있어요. 우리가 말하는 기온은 땅에서 1.5m 위에서 잰 거예요. 그런데 밤 사이 땅이 공기보다 더 차갑게 식으면 땅바닥이나 땅 가까이의 식물에 서리가 생긴답니다.

알아두면 좋은 상식

농작물은 서리가 싫어요!

서리가 내리면 농작물이 얼어 버려 상품으로 팔 수 없어요. 그래서 농촌에서는 서리가 내릴 가능성이 있을 때에는 짚이나 종이로 농작물을 덮어 따뜻하게 해 주어 농작물이 얼지 않도록 합니다. 서리 피해를 막는 또 하나의 방법은 경사가 있는 곳에 밭을 만드는 거예요. 뜨거운 공기는 위로 올라가고 차가운 공기는 아래로 내려가는 공기의 특성을 이용한 거지요. 경사면을 따라서 찬 공기가 아래로 흘러가기 때문에 서리 피해를 줄일 수 있어요. 그래서 남해의 녹차밭은 대부분 경사진 곳에 있답니다.

추운 겨울 아침에 아빠 차가 하얗게 변해서 "성에다!"하고 말했어요. 그런데 엄마가 '성에'가 아니라 '서리'래요. 지난 주에 차를 타고 가다 유리창에 언 걸 아빠는 성에라고 했는데…. 도대체 둘은 어떻게 다른 거예요?

서울 S초등학교 3학년 **박진선**

🔍 **바로 구분하기**
모양 얼음 결정 모양
특징 창이나 냉장고에 생긴 얼음

성에

과학적으로 보면 서리와 성에는 같지만, 어디에 어떻게 생기느냐에 따라 서로 다르게 불러요. 주로 겨울 유리창이나 냉장고에 생긴 얼음을 성에라고 한답니다.

성에는 그 모양이 아름답지만, 자동차 유리나 냉장고에 생긴 성에는 골칫덩어리예요. 성에 때문에 앞이 잘 보이지 않아 운전을 하기 어렵고, 냉장고가 비좁아지기 때문이죠. 성에는 에탄올을 뿌리면 쉽게 없앨 수 있어요. 물은 0℃에서 얼지만 에탄올은 더 낮은 영하 114℃에서 얼어요. 냉장고 속 온도는 보통 영하 20℃ 정도라서 에탄올은 물론 에탄올과 섞인 얼음 역시 녹아버린답니다.

재미있는 속담 이야기

서리가 많이 내린 날은 날씨가 맑다.

구름 없이 맑고 바람이 불지 않는 날에 서리가 잘 생긴다는 것을 알게 된 우리 선조들이 삶의 지혜를 담아 만든 속담이에요. 구름 없이 맑은 날 밤에는 낮 동안 땅에 해가 내리쬐면서 쌓인 열기가 더 빨리 식어요. 그래서 땅이 쉽게 차가워지고 서리도 잘 생기지요. 또 서리는 바람이 약한 밤에 잘 생겨요. 날씨가 맑고 춥더라도 바람이 강하면 공기 속에 섞인 수증기를 쓸어가기 때문에 서리가 생기지 않아요.

알코올 vs. 에탄올
에탄올, 메탄올을 통틀어 부르는 말이 알코올

알코올

많은 사람들이 알코올을 어떤 특정 용액의 이름이라고 생각해요. 주로 에탄올을 알코올이라고 부르지요. 하지만 알코올은 비슷한 성질을 가진 화합물을 통틀어 부르는 말이랍니다. 이를테면 수박, 참외, 복숭아 따위를 모두 과일이라고 부르는 것처럼 말이죠.

알코올 가족은 이름이 '올'자 돌림이에요. 분자의 크기가 가장 작은 메탄올부터 에탄올, 프로판올, 부탄올 등 수많은 가족들이 있답니다.

바로 구분하기
알코올은 메탄올, 에탄올 등을 통틀어 부르는 말

알아두면 좋은 상식

알코올 램프 속에는 어떤 알코올이 들어 있을까?

과학 실험을 할 때 사용하곤 하는 알코올 램프에는 메탄올이 들어 있어요. 알코올은 불이 잘 붙는 성질이 있는데, 그 중 메탄올은 가장 낮은 온도에서 끓기 때문에 알코올 램프의 연료로 쓰기에 편리하답니다. 그런데 메탄올은 절대 먹으면 안 돼요. 메탄올이 우리 몸에 흡수되면 간에서 독으로 바뀌어서 눈이 안 보이게 되거나, 심지어 목숨을 잃을 수도 있어요.

엄마가 약국에 가서 알코올을 사오라고 하셨어요. 그런데 약사 선생님께 알코올을 달라고 하니까 에탄올을 주시는 거예요. 엄마도 그걸로 소독을 하셨고요. 알코올과 에탄올은 서로 똑같은 건가요?

전남 W초등학교 6학년 **김해준**

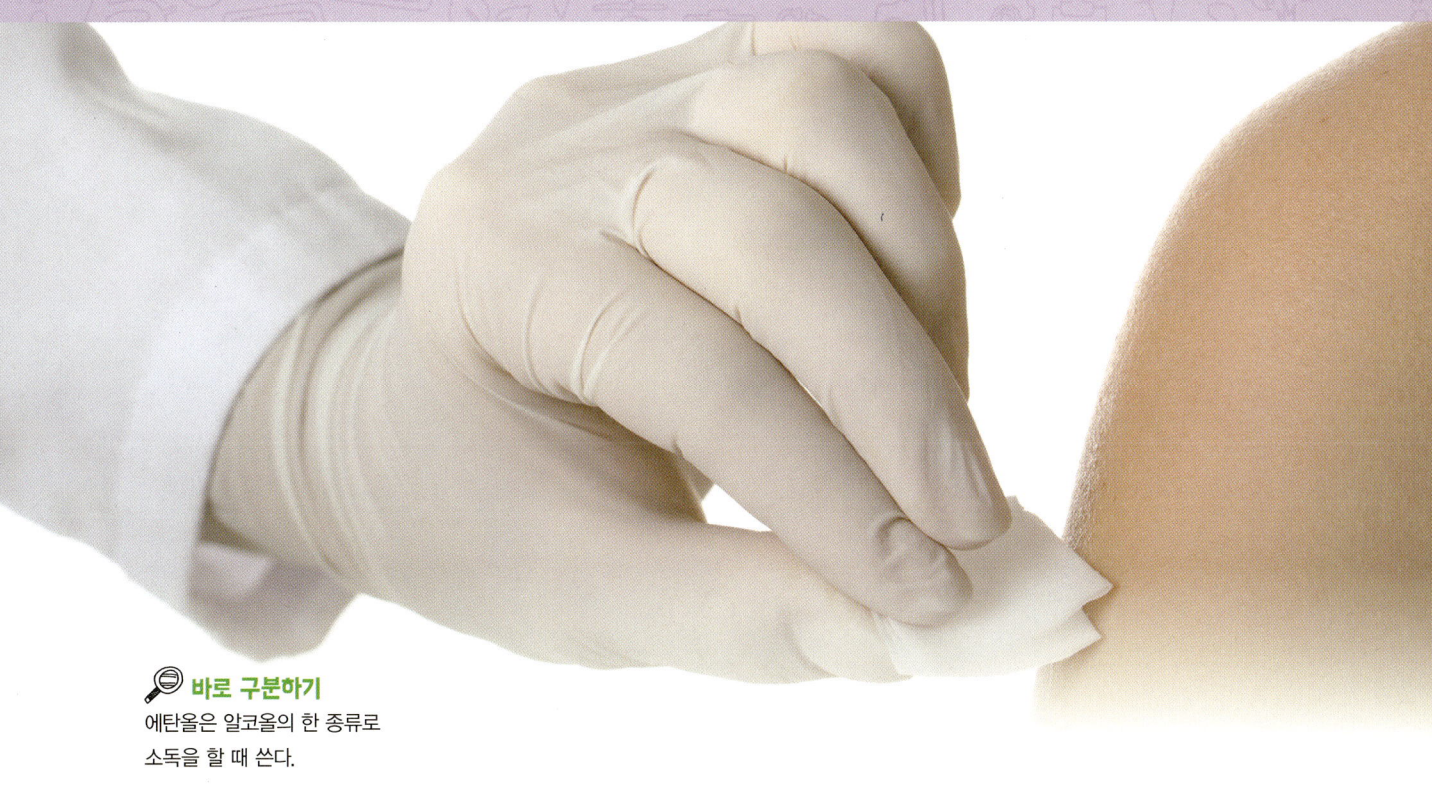

바로 구분하기
에탄올은 알코올의 한 종류로 소독을 할 때 쓴다.

에탄올

에탄올은 알코올 중에서 유일하게 먹을 수 있어요. 그래서 사람들은 에탄올을 이용해 술을 만든답니다. 에탄올이 몸에 흡수되면 뇌에서 '엔도르핀'이라는 물질이 나와서 기분이 좋아져요. 하지만 너무 많이 마시면 뇌의 기능이 떨어져 똑바로 움직일 수 없거나 판단을 제대로 할 수 없기 때문에 조심해야 하지요.

에탄올은 소독을 할 때도 사용해요. 병원에서 주사를 맞을 때 쓰는 소독용 솜이나 손 소독제에도 에탄올이 들어 있답니다.

알아두면 좋은 상식

에탄올은 왜 소독이 될까?

소독용 에탄올은 단백질로 만들어진 세균의 껍질인 세포막을 망가트리고, 안으로 들어가서 안쪽의 단백질까지 망가트려 세균을 죽일 수 있어요. 바이러스도 마찬가지로 에탄올을 만나면 껍질의 단백질과 안쪽의 단백질이 망가져서 죽지요. 이런 특징 때문에 소독을 할 때 널리 사용한답니다.

헷갈려! 물질과 현상

구름 vs. 안개

하늘에는 구름, 땅에 가까우면 안개

🔍 **바로 구분하기**
하늘에 있으면 구름

구름

작은 물방울이나 얼음알갱이가 하늘에 둥실 떠 있는 것이 바로 구름이에요. 하늘은 높이 올라갈수록 기온이 낮아져요. 공기는 하늘 높이 올라갈수록 낮아지는 온도 때문에 차가워지고, 공기 속의 수증기는 물방울로 변하지요. 기온이 더 낮아지거나 하늘 높이 더 올라가면 물방울이 얼기도 하는데, 이런 물방울과 얼음 알갱이가 모인 것이 바로 구름이에요.

구름의 모양을 보면 날씨를 예측할 수 있어요. 새털구름은 날씨가 맑았다가 흐려지기 시작하면 나타나니까, 새털구름을 보면 곧 날이 흐려질 것을 예측할 수 있어요. 작은 구름 조각이 물결이나 비늘 모양을 하고 있는 비늘구름은 비가 오기 전에 나타나요. 꼭대기는 둥글고 밑은 평평한 뭉게구름은 맑은 여름날 오후에 볼 수 있답니다.

알아두면 좋은 상식

구름은 왜 흰색으로 보일까?

구름 속의 물방울과 얼음 알갱이들이 빛을 사방으로 반사하기 때문이에요. 빛은 사방으로 반사되면 흰색으로 보인답니다. 그렇다면 비를 몰고 오는 먹구름은 왜 회색으로 보일까요? 먹구름은 구름을 이룬 물방울 크기가 커서 빛을 퍼뜨리지 않고 흡수하는데, 흡수된 빛은 회색으로 보이기 때문이에요.

> 가족들과 자동차로 나들이를 가고 있었는데, 뭉게구름이 앞을 뿌옇게 가렸어요. 제가 "와! 구름 속이다!"고 했더니 누나가 구름이 아니라 안개래요. 구름과 안개는 어떻게 다른 거예요?
>
> 광주 D초등학교 3학년 **하희찬**

안개

땅에서 봤을 때 산에 걸려 있던 구름이 산 중턱에 가서 보니 안개로 보였던 적이 있나요? 사실 안개와 구름은 생기는 원리가 같아요. 위치에 따라 하늘에 높이 떠 있으면 구름, 땅까지 내려와 있으면 안개라고 부르지요.

안개 역시 수증기가 작은 물방울로 엉겨 붙은 것이라서 하얀 안개 속으로 들어가면 촉촉하고 차갑게 느껴져요. 안개는 대개 하얀색이지만 매연이 많은 곳에서는 연기와 먼지가 섞여 회색이나 황색을 띠는 '스모그'가 되기도 해요.

🔍 **바로 구분하기**
땅 가까이에 있으면 안개

하지 지나 열흘이면 구름장마다 비다.

우리 조상들은 대부분 농사를 지었기 때문에 날씨의 변화에 민감했어요. 날씨에 따라 농사를 망칠 수도 있고 잘 될 수도 있기 때문에 늘 구름을 관찰했지요. 그래서인지 구름에 관련된 속담이 많아요. 이 속담은 24절기 중 하나로 양력 6월 22일 경인 하지가 지나고 나면 장마가 들기 때문에 비가 자주 온다는 의미예요. '양털구름은 비를 몰고 온다', '구름 없는 하늘에 비 올까' 등도 구름과 관련된 속담이지요.

일식 vs. 월식
해가 가려지면 일식, 달이 가려지면 월식

일식

지구에서 볼 때 태양이 달에 의해서 가려지는 현상을 말해요. 태양과 지구 사이에 달이 놓이면 태양빛에 의해 생기는 달의 그림자가 지구에 생기고, 이 그림자 때문에 태양이 달에 가려져 보이지요.

일식을 관측할 때는 아무리 달이 태양을 가리고 있다고 해도 태양을 직접 쳐다보면 안 돼요. 태양빛에 눈을 다칠 수 있기 때문이지요. 일식을 관측할 때는 꼭 태양빛을 가리는 태양필터나 안전장비를 갖춰야 한답니다.

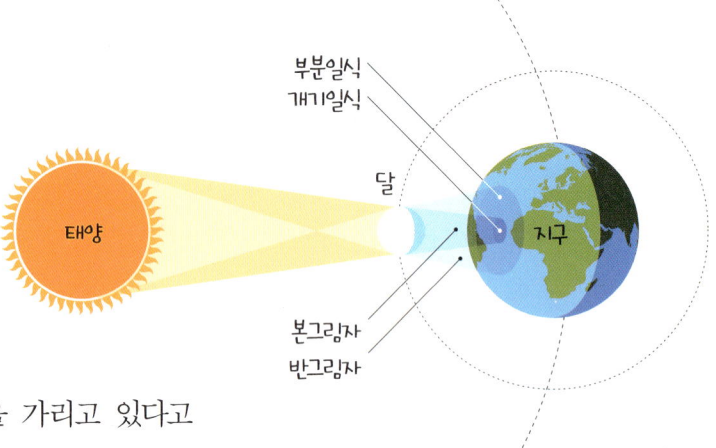

🔍 **바로 구분하기**
태양이 가려지면 일식
그 중에서도 태양의 일부분이 가려지면 부분일식
태양이 모두 가려지면 개기일식

알아두면 좋은 상식

일식이 재앙의 상징이었다고?

과거에는 일식이 재앙의 상징이었어요. 태양은 왕을 상징하고, 태양이 그 빛을 잃는 것은 왕이 빛을 잃는 것과 같다고 여겼기 때문이에요. 그래서 조선시대에는 일식이 언제 일어날지를 미리 알아내지 못한 천문관들은 큰 벌을 받기도 했어요. 또한, 일식이 일어나면 왕과 신하들이 사람이 죽으면 입는 옷인 하얀 소복을 입고 북을 치는 등 재앙을 막기 위한 의식을 치루기도 했답니다.

뉴스를 보면 언제는 부분일식이, 또 언제는 부분 월식이 일어난다고 해요. 일식과 월식이 정확하게 무엇인지 헷갈려요. 알려 주세요!

광명 S초등학교 1학년 **이서연**

월식

월식은 달과 태양 사이에 지구가 놓여서 지구 그림자에 달이 가려지는 현상이에요. 달은 스스로 빛나지 않기 때문에 지구가 태양빛을 가리면 검게 변하지요.

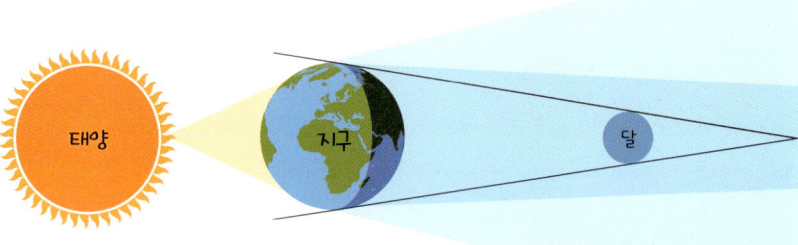

그런데 지구의 그림자가 달을 완전히 가리는 개기일식이 일어나도 달이 검어지지 않고 붉게 보여요. 그 이유는 태양빛이 우주에서 지구를 둘러싼 공기층인 대기로 들어오면서 안쪽으로 꺾이는 굴절이 일어나기 때문이랍니다. 특히 빛 중에서 대기를 잘 통과하는 붉은색의 빛만 달까지 갈 수 있어서 달이 붉게 보이는 거예요.

🔍 **바로 구분하기**
달이 가려지면 월식
달의 일부분이 가려지면 부분월식
모두 가려지면 개기월식

달빛이 유난히 붉으면 가물다.

개기월식 때가 아니더라도 달이 붉게 보이는 경우가 있어요. 바로 대기 중에 먼지가 많을 때지요. 여름철에 날씨가 계속 맑으면 대기가 건조해져요. 대기가 건조하면 먼지가 하늘에 많이 떠 있게 된답니다. 먼지가 많으면 달빛 중에서 파란색 빛은 먼지 입자에 흡수되고, 붉은색의 빛만 눈에 보여서 평상시보다 달이 붉게 보여요. 달빛이 붉게 보이는 건 가뭄때문이라는 조상들의 경험이 녹아 있는 속담이랍니다.

우산 vs. 양산
비를 막으면 우산, 햇빛을 막으면 양산

우산

우산은 비를 막기 위해 사용한다는 건 모두가 다 알죠? 그래서 우산을 만들 때는 물방울이 스며들 수 없는 '방수소재'를 사용해요. 방수소재는 보통 폴리에스테르나 나일론으로 만든 천에 비가 스며드는 걸 막아주는 화학물질을 입혀서 만들어요.

우리나라 사람들은 비가 오면 바로 우산을 꺼내 들지만, 유럽 등에서는 비가 올 때도 우산을 쓰지 않는 사람들이 많아요. 그 이유 중 하나는 짧은 시간에 많은 양의 비가 내리는 우리나라와 달리, 유럽의 몇몇 나라들은 물방울의 크기가 작은 비가 약하게 내리는 경우가 많아서 여간해서는 흠뻑 젖지 않기 때문이에요. 또한, 우산을 쓰면 시야가 가려지고 양 팔이 자유롭지 않아 사고가 날 위험이 크다고 생각하여 어릴 때 우산보다 우의를 많이 이용한대요. 그래서 나이가 들어서도 우산을 잘 쓰지 않는 경우가 많답니다.

🔍 **바로 구분하기**
비를 막으면 우산

알아두면 좋은 상식

자연계 최고의 방수 왕, 연잎

비오는 날 연잎을 본 적이 있나요? 연잎에 떨어진 빗방울은 곧 동그랗게 뭉쳐져 잎을 타고 굴러 떨어져요. 비밀은 바로 연잎에 있는 아주 작은 돌기랍니다. 5~10 마이크로미터(㎛, 100만 분의 1미터)의 아주 작은 돌기들이 물방울이 잎에 닿는 것을 막는 거예요. 이런 연잎을 흉내 내어 더러운 흙탕물이 튀어도 젖지 않는 옷이나 물속에서도 쓸 수 있는 전자제품을 개발하기도 했답니다.

어머니께서 비 오는 날 우산 대신 양산을 쓰면 안 된다고 말씀하셨어요. 우산과 양산을 만드는 재료에 어떤 차이가 있는 건가요?

대전 J초등학교 4학년 **이주영**

양산

양산은 햇빛을 가리기 위해 써요. 레이스와 같이 구멍이 뚫려 있는 천이라 해도 햇빛을 가릴 수만 있다면 양산으로 만들 수 있어요. 양산은 햇빛의 자외선을 더 잘 막기 위해 표면에 자외선을 막는 물질을 덧입히기도 해요.

재미있는 점은 우산보다는 양산이 먼저 사용되었다는 거예요. 우리나라뿐만 아니라 고대 이집트, 인도, 중국 등에서는 왕이 이동할 때 양산을 받쳐들어 위엄을 나타냈어요. 영어로 우산을 뜻하는 '엄브렐라(Umbrella)'는 그늘을 뜻하는 이탈리아어 '옴브렐로(ombrèllo)'에서 유래하였답니다.

🔍 **바로 구분하기**
햇빛을 막으면 양산

제비가 낮게 날면 비가 온다.

제비를 보면 우산을 챙겨야 할지, 아닐지 알 수 있어요. 제비가 낮게 날면 비가 온다는 신호니까요. 날씨가 좋을 때는 땅이 따뜻해서 공기가 높은 곳으로 올라가는데, 작은 곤충들은 이 공기에 실려 높은 곳까지 날 수 있어요. 반대로 비가 올 것 같은 날씨에는 공기의 움직임이 없어서 곤충들이 낮게 날지요. 또 비를 내리게 하는 낮은 기압이 다가올 때도 곤충들이 낮게 날아요. 제비는 낮게 나는 곤충을 잡아먹으려고 덩달아 낮게 나는 거랍니다.

얼음 vs. 드라이아이스
투명한 부분이 있으면 얼음, 전체가 희면 드라이아이스

얼음

얼음은 물이 액체에서 고체로 상태가 바뀐 거예요. 물은 '얼음(고체) ↔ 물(액체) ↔ 수증기(기체)'로 상태가 변하는데, 온도가 0℃ 아래면 얼음으로 바뀌고, 100℃가 넘으면 기체 상태인 수증기가 된답니다.

물에는 눈에 보이지 않는 공기방울이 녹아 있어요. 이런 공기방울 때문에 얼음에는 하얗게 보이는 부분이 생기지요. 끓여서 공기를 없앤 물을 사용하거나, 아주 천천히 얼려서 공기가 빠져나갈 시간을 주면 투명한 얼음을 만들 수 있어요. 하지만 투명한 얼음이라 해도 팥빙수를 만들 때처럼 얼음을 잘게 부수면 얼음 알갱이들이 빛을 사방으로 반사해서 하얗게 보인답니다.

 **바로 구분하기**
화학식 H_2O
끓는점 100℃
어는점 0℃
특징 덩어리에 투명한 부분이 있으면 얼음

알아두면 좋은 상식

드라이아이스로 만드는 멋진 무대

무대를 하얀 안개가 덮는 장면을 본 적이 있나요? 이런 무대 효과를 내는 데에도 드라이아이스를 사용해요. 액체이산화탄소인 드라이아이스가 기체로 바뀔 때에는 주변의 열을 빼앗아 온도를 낮추어서 공기 중에 있는 수증기가 물방울로 변해요. 이 물방울이 빛을 반사해서 하얀 안개처럼 보이는 것이 바로 안개 효과랍니다. 드라이아이스는 주변 온도를 아주 빨리 낮추기 때문에 맨손으로 만지는 것은 위험하니 조심하세요!

아이스크림 가게에서 아이스크림을 사왔는데 하얀 얼음같은 것이 함께 들어 있었어요. 아빠께서는 그게 드라이아이스라고 하셨어요. 얼음과 드라이아이스는 어떻게 다른 거예요?

부산 G초등학교 4학년 **한서인**

드라이아이스

이산화탄소를 얼린 것이 드라이아이스예요. 이산화탄소는 '드라이아이스(고체) ↔ 액체이산화탄소(액체) ↔ 이산화탄소(기체)'로 온도에 따라 상태가 변하지요.

액체이산화탄소는 영하 78.45°C보다 낮은 온도에서 얼어 고체인 드라이아이스가 돼요. 영하 56.55°C보다 높은 온도에서는 기체로 바뀐답니다. 이처럼 드라이아이스는 녹는 온도가 매우 낮아서 보통의 기온에서는 고체에서 바로 기체로 바뀌어요. 고체인 드라이아이스가 기체로 바뀔 때는 주변의 열을 많이 빼앗으면서 온도를 낮춰요. 그래서 아이스크림 박스처럼 낮은 온도를 오래 유지해야 하는 곳에 드라이아이스를 쓴답니다.

🔍 바로 구분하기
화학식 CO_2
끓는점 영하 56.55°C
어는점 영하 78.45°C
특징 덩어리가 모두 하얗게 보이는 얼린 액체이산화탄소

 **재미있는 속담 이야기**

우수 뒤의 얼음같이.

'우수'는 24절기 중 봄이 들어선다는 '입춘'과 겨울잠을 자던 개구리가 놀라서 깬다는 '경칩' 사이에 있어요. 우수는 양력 2월 18일경으로, 우수가 지나면 저절로 녹는 얼음처럼 어떤 것이 사르르 녹아 없어진다는 뜻이지요. 우수가 지나면 추웠던 날씨가 따뜻해진다는 의미도 있어요. 우수는 한자로 '비 우(雨)'와 '물 수(水)'로 이뤄져 있는데, '눈이 비로 변하고 얼음이 녹아 물이 된다'는 뜻을 담고 있답니다.

속력 vs. 속도

일정한 시간동안 움직인 거리는 속력, 빠르기와 이동방향까지 생각하면 속도

속력

일정한 시간동안 움직인 거리를 속력이라고 해요. 속력은 이동한 거리를 시간으로 나눈 값을 말한답니다. 그래서 속력은 cm/s, m/s, km/h 같은 단위를 써요. 앞은 이동한 거리, 뒤는 시간을 의미하지요. 자동차나 비행기의 빠르기는 속력으로 나타내며, 자동차 운전석 앞을 보면 속력을 나타내는 계기판을 확인할 수 있어요.

🔍 바로 구분하기
정의 일정한 시간동안 이동한 거리
구하는 방법 이동 거리 ÷ 시간
단위 cm/s, m/s, km/h 등

알아두면 좋은 상식

평균 속력과 순간 속력

속력은 평균 속력과 순간 속력으로 나눌 수 있어요. 평균 속력은 속력이 시시각각으로 변하는 경우 도중의 속력의 변화는 무시하고 총 이동한 거리를 시간으로 나누어 구한 속력을 말해요. 순간 속력은 아주 짧은 시간 동안의 속력을 말한답니다. 고속도로 등을 달릴 때 CCTV가 과속 차량을 단속할 때 측정하는 것이 바로 순간 속력이에요. 간혹 구간 단속이라고 하여 CCTV 시작 점에서 다음 CCTV가 있는 곳까지 달릴 때, 그 구간에서 달린 속력의 평균값을 재는 경우가 있어요. 이것이 바로 평균 속력이지요.

가족끼리 공원에서 달리기를 했어요. 그런데 아빠가 달리는 모습을 보고 엄마는 "와~, 속도가 빠르다"고 했어요. 그런데 누나는 속도가 아니라 속력이라고 하는 거예요. 속력과 속도는 서로 다른 말인가요?

대구 J초등학교 5학년 **기태용**

속도

속력이 물체의 빠르기만을 본다면 속도는 물체의 이동 방향까지 생각한 것이에요. 물체가 처음 있던 곳에서 이동이 다 끝난 곳까지의 가장 짧은 거리를 시간으로 나눈 값이 바로 속도랍니다.

가령, 차로 구불구불한 길을 달려가면 구불구불한 길은 무시하고 출발한 지점과 도착한 지점을 직선으로 연결한 거리를 시간으로 나눈 값이 속도예요. 속도 역시 속력과 같은 단위를 써요.

🔍 바로 구분하기

정의 물체의 속력과 방향을 동시에 나타내는 양
구하는 방법 이동 거리(물체가 처음 있던 곳에서 이동이 끝난 곳까지의 가장 짧은 거리) ÷ 시간
단위 cm/s, m/s, km/h 등

 **재미있는 속담 이야기**

낮말은 새가 듣고 밤말은 쥐가 듣는다.

항상 말할 때 조심해서 하라는 뜻의 속담이에요. 그런데 이 속담에 재미있는 속력의 과학이 숨어있어요. 소리는 기온이 높으면 속도가 빨라지고, 기온이 높은 쪽에서 낮은 쪽으로 휘는 특성을 갖고 있어요. 낮에는 땅 쪽 기온이 하늘보다 높으니까 소리가 하늘 쪽으로 휘겠죠? 그러니 낮에는 새가 소리를 잘 들을 수 있어요. 밤에는 땅으로 갈수록 온도가 낮아지기 때문에 소리가 땅 쪽으로 휘어요. 그래서 쥐처럼 땅에 다니는 동물에게 소리가 더 잘들릴 수 있지요. 알고보면 과학적인 속담이랍니다.

헷갈려! 물질과 현상

양력 vs. 음력

태양이 기준이면 양력, 달이 기준이면 음력

양력

지구가 태양의 둘레를 한 바퀴 도는 데 걸리는 시간을 1년으로 정해 날짜를 세는 방법이에요. 그래서 '태양력'이라고도 부르죠. 우리가 일상생활에서 얘기하는 날짜가 바로 양력이에요. 5월 5일 어린이날, 10월 3일 개천절, 12월 25일 크리스마스…. 모두 양력이지요. 쉽게 말해 달력에 커다랗게 적혀 있는 날짜가 양력이랍니다.

양력은 1년을 365일로 정해두고 4년마다 366일인 윤년을 정해서 하루를 더해요. 정확하게 보자면 1년은 365.25일이기 때문에, 4년마다 1일을 더하여 날짜를 맞추는 것이지요.

🔍 **바로 구분하기**

달력에 커다랗게 적힌 날짜
지구가 태양의 둘레를 한 바퀴 도는 데 걸리는 시간을 1년으로 정해 날짜를 세는 방법

알아두면 좋은 상식

날짜를 맞추자! 윤달

지구가 태양을 한 바퀴 공전하는 1태양년은 365.25일이에요. 달이 차고 기우는 1삭망월은 29.53059일로 음력에서는 한 달이 번갈아 29일이거나 30일이지요. 그러면 한 해가 총 354일이 돼요. 결국 양력보다 음력이 약 11일이 짧아서 양력과 음력의 날짜가 서로 맞지 않게 된답니다. 그래서 서로 날짜를 맞추기 위해 19년에 7번은 1개월이 더 있는 윤달을 정해 서로 날짜를 맞추지요.

엄마, 아빠의 생일을 달력에 적어놓았어요. 그런데 엄마 생일의 날짜가 잘못됐대요. 엄마가 알려 주신 생일은 음력이라는 거예요. 저랑 동생은 양력 생일이래요. 음력과 양력은 어떻게 다른가요? 알려 주세요!

서울 P초등학교 6학년 **강윤서**

음력

음력은 달의 모양이 달라지는 주기를 기준으로 날짜를 세는 방법이에요. 달력에 아주 작게 혹은, 15일 간격으로 쓰여 있는 숫자를 본 적이 있나요? 그게 바로 음력 날짜예요. 음력에서는 달이 점점 커져 보름달이 됐다가 다시 작아지는 한 주기가 '한 달'이랍니다. 달이 태양과 일직선에 있어 달을 볼 수 없을 때를 '초하루', 초하루로부터 15일이 지나 달이 태양 반대편에 있어 둥글게 꽉 찬 모습일 때를 '보름', 다시 달의 모습이 사라지기 전날을 '그믐'이라고 부르지요.

영어에서는 '월'을 'month'라고 표기하는데, 이는 '측정하다'라는 의미라고 해요. 하지만 우리나라는 음력을 주로 사용했기 때문에 '월(달 월 月)'이라고 이름 붙였고, 지금까지도 사용하고 있어요.

🔍 **바로 구분하기**
달력에 조그맣게 적힌 날짜
달 모양이 달라지는 주기를 기준으로 날짜를 세는 방법

 재미있는 **속담** 이야기

흉년에 윤달 든다.

농사를 주로 지었던 옛날에는 해마다 5~6월에 '보릿고개'라고 하여 곡식이 넉넉하지 못할 때가 있었어요. 지난해에 난 곡식은 다 떨어져가고, 올해 곡식은 몇 달을 더 기다려야 거둘 수 있기에 어려움이 많았지요. 윤달은 보통 5월에 들 때가 많아요. 흉년인 해에 윤달까지 들면 보릿고개가 더 길게 느껴져서 더욱 힘들겠지요? 이처럼 불행한 일이 연이어 일어날 때 사용하는 속담이에요.

바이올린 vs. 비올라

높은 음은 바이올린, 낮은 음은 비올라

바이올린

바이올린은 턱과 어깨로 악기를 고정한 뒤, 한 손으로는 바이올린의 현을 짚고, 다른 한 손으로는 활을 켜며 연주하는 악기예요. 현은 줄을 뜻하는데, 바이올린과 같이 줄이 있는 악기를 '현악기'라고 불러요. 콘트라베이스, 더블베이스, 첼로, 비올라 등이 모두 현악기이지요.

바이올린은 화려한 음을 내기 위해 개발한 악기로, 1550년대에 처음 만들어졌어요. 피아노가 반음 단위로 소리는 내는 것과 달리, 바이올린은 아주 미세한 차이의 음을 자유자재로 낼 수 있어요. 여러 음을 끊어지지 않게 부드럽게 이어서 연주할 수 있다는 점도 특징이지요. 바이올린을 연주하는 사람은 바이올리니스트라고 불러요.

🔍 **바로 구분하기**
비올라보다 작으며, 더 높은 음이 난다.

💡 알아두면 좋은 상식

세계 최고의 현악기, 스트라디바리우스

스트라디바리우스는 1700년대에 살았던 이탈리아의 바이올린 제작자 '안토니오 스트라디바리(Antonio Stradivari)'가 만든 현악기를 부르는 이름이에요. 재료와 보관 상태, 음질에 따라 가격이 다르지만 대개 10억 원에서 30억 원에 달하는 고가의 악기랍니다. 지금까지 만들어진 어떤 현악기보다도 소리가 아름답다고 하여 오랜 세월이 지났음에도 불구하고 비싸게 거래되고 있어요.

텔레비전으로 바이올린 연주를 보고 있는데 자막에 비올라 연주라고 나와서 깜짝 놀랐어요. 바이올린과 비올라는 뭐가 다른 거죠?

울산 N초등학교 6학년 **진예성**

비올라

많은 사람들이 바이올린과 비올라를 잘 구분하지 못해요. 바이올린과 비올라는 정말 비슷하게 생겼으니 당연한 일이지요. 게다가 연주법도 똑같아요. 하지만 자세히 보면 비올라가 바이올린보다 크다는 걸 알 수 있어요. 비올라는 바이올린보다 15% 정도 더 크고, 무게도 약간 더 무겁지요. 비올라는 바이올린보다 부드럽고 따뜻한 소리가 나요. 비올라에서 가장 낮은 음은 '도'로 바이올린에서 가장 낮은 음인 '솔' 보다 낮다는 것도 차이점이에요. 비올라 연주자는 비올리스트라고 불러요.

🔍 **바로 구분하기**
바이올린보다 크며, 더 낮은 음이 난다.

알아두면 좋은 상식

현악기는 덩치가 클수록 음이 낮다?

현악기 중 첼로와 더블베이스는 크고 무거워서 들고 연주할 수 없어요. 첼로는 첼로를 세운 다음 연주자가 의자에 앉은 채 첼로를 뒤에서 껴안은 듯한 자세로 연주를 해요. 더블베이스는 연주자도 악기도 모두 선 채로 연주하지요.
현악기가 클수록 음이 낮은 이유는 악기가 클수록 현이 길고 굵기 때문이에요. 현악기의 현의 굵기는 악기의 크기와 같아서 바이올린-비올라-첼로-더블베이스 순으로 덩치도 커지고 현도 굵어져요.

〈비올라〉 〈바이올린〉 〈첼로〉 〈더블베이스〉

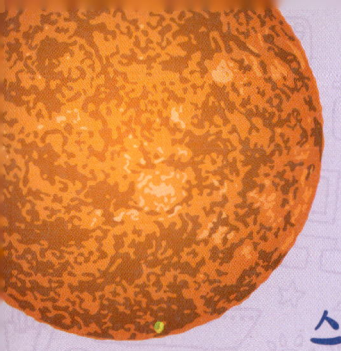

항성 vs. 행성

스스로 빛과 열을 내면 항성, 항성 주변을 도는 건 행성

항성

항성은 스스로 빛과 열을 내는 천체로 '붙박이별'이라고도 불러요. 이렇게 부르는 이유는 지구와 너무 멀리 떨어져 있어서 우리가 보기에 움직이지 않는 것처럼 보여서예요. 하지만 항성도 각기 다른 방향으로 움직이고 있답니다.

우리가 잘 아는 대표적인 항성이 바로 태양이에요. 태양은 지구에서 가장 가까운 곳에 있는 항성이기도 하지요. 태양이 빛과 열을 내는 이유는 '열핵융합반응'이 일어나기 때문이에요. 1500만℃의 아주 높은 온도가 되면 수소(H)는 헬륨(He)로 변해요. 이 과정에서 빛과 에너지가 쏟아지지요. 태양뿐만 아니라 대부분의 항성도 열핵융합반응이 일어나 빛이 나고, 지구에서도 볼 수 있는 거랍니다.

🔍 **바로 구분하기**
스스로 빛과 열을 내면 항성

알아두면 좋은 상식

샛별은 별이 아니라고?

샛별은 새벽 동쪽 하늘에 반짝이는 금성을 말하는 것으로, '새벽의 별' 또는 '새로 난 별'이라는 의미예요. 그런데 재미있게도 '샛별'은 정확하게는 별이 아니에요. 천문학에서 별은 스스로 빛과 열을 내는 천체만을 말하거든요. 금성은 스스로 빛과 열을 내는 것이 아니라 태양빛을 반사하는 것이기 때문에 별이 아닌 행성이랍니다. 해질녘에 보이는 금성은 '개밥바라기'라고 불러요. '바라기'는 작은 그릇을 말하는 단어로 '개의 밥그릇'이라는 뜻이에요. 이렇게 이름이 붙은 건 옛 조상들이 낮에 농사를 짓고 돌아와 개의 밥을 주는 초저녁 무렵에 금성이 보였기 때문이랍니다.

지구과학책을 읽다가 항성과 행성을 봤어요. 항? 행? 글자는 비슷한데…. 항성과 행성의 차이점을 알려 주세요.

평택 S초등학교 5학년 **김성빈**

행성

행성은 스스로 빛을 내지 못하고 항성 주위를 도는 천체를 말해요. 지구가 바로 행성이지요. 행성은 스스로 빛을 내지는 못하지만 항성으로부터 빛과 열에너지를 받아요. 항성의 빛을 반사해 반짝이는 것처럼 보이기도 하지요.

태양 주위를 도는 태양계의 행성은 총 8개로 수성, 금성, 지구, 화성, 목성, 토성, 천왕성, 해왕성이 있어요. 태양계의 행성은 밀도와 크기에 따라 지구형 행성과 목성형 행성으로 나누어요. 지구형 행성은 암석으로 이루어진 단단한 행성이고, 목성형 행성은 가벼운 기체로 이루어진 행성이지요. 지구 외에 수성, 금성, 화성은 지구형 행성이고, 목성을 비롯하여 토성, 천왕성, 해왕성은 목성형 행성이에요.

〈크기 별로 본 태양계의 행성들〉

🔍 **바로 구분하기**
스스로 빛을 내지 못하고 항성 주위를 돌면 행성

알아두면 좋은 상식

빙글빙글 위성과 혜성

위성은 행성 주위를 도는 천체를 말해요. 대표적인 예로 달이 있지요. 달은 행성인 지구를 도는 위성이랍니다. 지구, 화성, 목성, 토성, 천왕성, 해왕성이 위성을 가지고 있으며, 태양계에는 160개가 넘는 위성이 있는 것으로 알려져 있어요. 한편, 혜성은 태양이나 큰 행성을 타원 모양으로 도는 작은 천체를 의미해요. 길게 꼬리를 매달고 날아가는 것처럼 보인답니다.

유성 vs. 운석

별똥별은 유성, 별똥별이 땅에 떨어지면 운석

유성

유성의 다른 이름은 '별똥별'이에요. 유성은 우주를 떠돌던 먼지, 혜성이나 소행성에서 떨어져 나온 티끌 등이 지구로 떨어지는 것을 말해요. 우주의 먼지 등이 지구 근처까지 오면, 지구가 당기는 힘인 중력 때문에 지구를 둘러싼 공기층인 대기 안으로 끌려들어와 1초에 20~80km 속도로 빠르게 떨어져요. 이때 대기의 입자와 부딪치면서 불꽃처럼 타오른답니다.

하루 동안 지구에 떨어지는 유성은 눈으로 볼 수 있는 것만 해도 수백 만 개에 이를 정도로 많아요. 하지만 대부분은 크기가 매우 작아서 땅에 떨어지기도 전에 모두 불타 버리지요.

🔍 **바로 구분하기**
우주 공간의 먼지나 티끌이 지구로 떨어지는 것

알아두면 좋은 상식

혜성이 만드는 아름다운 유성우

유성우란 많은 유성이 비처럼 떨어진다고 해서 붙은 이름이에요. 혜성이나 소행성들이 태양계 안쪽을 지나갈 때, 그 자리에는 혜성과 소행성들이 흘리고 간 티끌들이 많이 남아요. 이 티끌들이 있는 곳을 지구가 지나가게 되면 티끌들이 지구의 중력에 이끌려 우수수 떨어지면서 유성우가 되는 것이지요. 유성우의 이름은 유성들이 쏟아지는 것처럼 보이는 위치에 있는 별자리 이름을 따서 붙인답니다. 가령 사자자리 쪽에서 떨어지면 사자자리 유성우라고 하지요.

얼마 전에 러시아에 운석이 잔뜩 떨어졌대요. 운석이 떨어졌다고 해서 신기했는데 아빠는 정확하게는 유성이 떨어진 것이라고 하셨어요. 운석과 유성은 어떻게 다른 건가요?

서울 M초등학교 3학년 **박주아**

🔍 **바로 구분하기**
별똥별이 대기 중에서 전부 타버리지 않고 지표면에 떨어진 것

운석

유성이 대기층에서 전부 타버리지 않고 땅에 떨어진 것을 운석이라고 해요. 유성 중에 크기가 큰 것들은 떨어지는 충격으로 땅을 푹 파버려서 운석 구덩이를 만들기도 하지요. 지금까지 지구에서 발견된 운석은 수천 개나 돼요.

대부분의 운석은 지구에서 약 4억km 떨어진 화성과 목성 사이에 작은 돌들이 모여 있는 소행성대에서 온 것이에요. 소행성대에는 달걀만큼 작은 것부터 한 나라만큼 커다란 소행성들이 무수히 모여 있어요. 그 중 일부가 지구까지 와서 유성이 되고, 유성 중 일부는 운석으로 발견되지요.

달이나 화성에서 떨어져 나온 운석도 있는데, 이 경우 1g에 100만 원이 넘을 정도로 비싼 것도 있답니다.

 재미있는 **속담 이야기**

별똥별이 떨어질 때 부자 소리를 세 번 하면 부자가 된다.

밤하늘에 별똥별이 떨어지는 순간, 소원을 세 번 빌면 이루어진다는 속담이에요. 이 말이 사실인지 아닌지는 과학적으로 증명할 수 없지만, 사실 별똥별이 떨어지는 순간에 소원을 비는 것은 아주 어려운 일이랍니다. 별똥별이 불타며 떨어지는 시간은 1초도 채 되지 않기 때문이지요. 어떤 소원을 빌어야 할지 떠올리기도 전에 아쉽게도 사라져 버리는 경우가 많답니다.

크레파스 vs. 색연필

부드러운 크레파스, 단단한 색연필

크레파스

크레파스는 초를 만드는 파라핀 왁스나 야자나무 열매에서 짠 기름에 색소를 섞어서 만든 미술 도구예요. 물감과 붓이 없어도 크레파스만 있으면 손으로 쉽게 그림을 그릴 수 있어 어린이들의 그림 연습에 좋은 친구랍니다.

그런데 크레파스는 일본에서 만든 상품의 이름이고, 정식 이름은 '오일 파스텔' 혹은 '오일 크레용'이에요. 크레파스는 파스텔처럼 부드러운 색을 내지만 기름기가 있어 가루가 날리지 않고 광택이 있는 것이 특징이랍니다.

 바로 구분하기
재료 파라핀 왁스나 야자유와 색소
특징 기름이 많아 부드럽다.

 알아두면 좋은 상식

크레용+파스텔=크레파스?

크레용과 파스텔, 크레파스는 서로 달라요. 크레용도 기름과 색소를 섞어서 만들어서 광택이 나는 그림을 그릴 수 있지만 덧칠이 힘들어요. 분필과 비슷한 파스텔은 칠했을 때 은은한 색깔이 곱지만, 광택이 없고 부스러기가 떨어지는 단점이 있지요. 크레용과 파스텔의 장점만을 더해서 덧칠을 할 수 있지만, 부스러기가 거의 없어 사용하기 편리하도록 만든 것이 바로 크레파스랍니다.

학교 미술시간에 선생님이 크레파스로 그림을 그리라고 하셨는데, 저 혼자 색연필로 그림을 그리다 야단맞았어요. 크레파스랑 색연필은 도대체 뭐가 다른 거예요?

여수 M초등학교 6학년 **신연우**

색연필

색연필도 크레파스처럼 왁스와 색소로 심을 만들지만 여기에 점토를 섞는다는 점에서 오히려 연필에 가까워요. 연필 심은 탄소 덩어리인 흑연에 점토를 섞어 도자기처럼 구워서 만드는데, 색연필은 왁스와 색가루 그리고 점토를 섞어서 만드는 것이지요.

색연필은 크레파스보다 심이 단단하고 가늘어서 훨씬 섬세하게 표현 할 수 있어요. 그중에서도 수채 색연필은 색연필로 쓸 수도 있고, 그 위에 물을 묻히면 물감으로도 쓸 수 있는 것이 특징이랍니다.

🔍 **바로 구분하기**
재료 파라핀 왁스와 색소 그리고 점토
특징 점토가 많아 단단하다.

알아두면 좋은 상식

크레파스로 그리는 다양한 그림

크레파스는 그림을 그릴 때 활용법이 다양합니다. 먼저, 크레파스의 기름 성분을 이용하여 그림의 스케치를 크레파스로 그리고 물감을 칠하는 방법은 아직 물감을 잘 다루지 못하는 어린이들에게 효과적이에요. 여러 가지 색의 크레파스로 밑바탕을 칠한 뒤, 검은 색 크레파스를 위에 덧칠하고 못과 같은 뾰족한 도구를 이용하여 긁어내듯 그림을 그리는 '스크래치 법'도 있어요. 또한 크레파스를 녹여서 물감처럼 그리는 방법도 있지요. 여러분은 어떤 방법이 가장 마음에 드나요?

백열등 vs. 형광등

에너지 낭비가 심한 백열등, 에너지 낭비가 적은 형광등

백열등

백열등을 보면, 동그란 유리 안에 가늘게 꼬여 있는 필라멘트가 있어요. 이 필라멘트에 전기가 흐르면 3000℃까지 온도가 올라가면서 빛이 나요. 필라멘트는 이렇게 높은 온도를 견뎌야 하기 때문에 높은 온도에서도 녹지 않는 금속인 텅스텐이나 니켈로 만들지요.

백열등은 가격이 싸서 널리 쓰였어요. 하지만 최근에는 우리나라를 포함한 많은 나라에서 백열등 사용을 줄이고 있어요. 백열등은 사용하는 전기의 90%를 열로 내보내고, 나머지 10%만 빛이 되기 때문에 에너지 낭비가 무척 심하답니다. 이런 이유로 백열등 사용을 줄이고 있는 것이지요. 눈이 부시고 필라멘트가 쉽게 끊어져 오래 사용할 수 없다는 것도 단점이에요.

🔍 **바로 구분하기**

모양 진공 상태인 유리구 안에는 가늘게 꼬여 있는 필라멘트가 있다.
장점 가격이 저렴하다.
단점 에너지 낭비가 심하다.

 **알아두면 좋은 상식**

천재는 99%의 노력과 1% 영감으로 만들어진다.

백열등을 발명한 위대한 발명가 '토마스 에디슨'이 남긴 말이에요. 영감은 창의적인 생각을 뜻하는 말이지요. 사람들은 이 말을 99%의 노력이 중요하다는 뜻으로 알고 있지만, 사실 에디슨은 1%의 영감이 매우 중요하다는 것을 강조하기 위해 한 말이었대요. 에디슨은 이후 인터뷰에서 1%의 영감이 없으면 99%의 노력은 소용없다는 뜻이었다고 밝혔지요.

에디슨 위인전을 읽다가 집에 있는 백열등이 생각났어요. 그런데 엄마는 집에 있는 전구가 모두 형광등이라는 거예요. 백열등과 형광등의 차이점이 궁금해요.

과천 K초등학교 5학년 **양수정**

형광등

형광등 안에는 수은과 아르곤 가스가 들어 있어요. 전기가 흐르면 수은 가스에서 자외선이 나오지요. 이 자외선이 형광등 안쪽 벽에 칠해놓은 형광물질을 통과하면 우리가 눈으로 볼 수 있는 빛인 가시광선으로 바뀌면서 환하게 보여요.

형광등은 열로 잃게 되는 에너지가 거의 없어요. 또한 형광등 표면을 보았을 때 백열등보다 눈부심이 적고, 수명이 5~6배 더 길지요. 사용하는 전기의 양도 백열등의 3분의 1 수준이랍니다.

반면 형광등은 빛이 미세하게 떨리거나 깜빡거린다는 단점이 있어요. 또한 수은이 환경오염을 일으킬 수 있어 여러 나라에서 점차 사용을 줄이고 있답니다.

🔍 바로 구분하기

모양 길쭉한 막대 모양부터 전구 모양까지 다양한 모양
장점 열로 손실되는 에너지가 거의 없다. 백열등보다 수명이 5~6배 더 길다.
단점 빛이 미세하게 떨리거나 깜빡인다.

알아두면 좋은 상식

에너지는 적게, 오래오래 빛나는 발광다이오드(LED)

LED는 전기에너지를 빛에너지로 바꾸는 반도체예요. 한 마디로 전기가 흐르면 빛이 나는 반도체지요. 백열등이나 형광등에 비해 가격이 비싸다는 단점이 있지만, 사용하는 전기가 백열전구 보다 80%, 형광등 보다 30%나 적어요. 또 수명이 약 5만~10만 시간으로 길기 때문에 최근 거리의 가로등과 가정의 전등에도 많이 사용하고 있답니다.

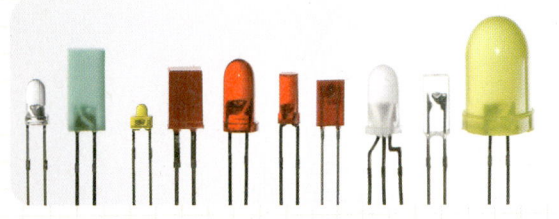

일사병 vs. 열사병
땀이 나면 일사병, 땀이 나지 않으면 열사병

일사병

무더운 환경에서 움직이거나 운동을 하면 몸에 있던 수분이 땀으로 빠져나가 버려요. 그러면 몸속은 수분이 부족해진답니다. 땀을 너무 많이 흘려서 몸속 수분이 심하게 부족하면 두통과 현기증 같은 증상이 나타나게 돼요. 또 얼굴이 창백해지고 피부는 차가워지며, 피부 표면은 땀 때문에 축축하게 젖지요. 이런 증상을 보이는 것을 일사병이라고 해요.

일사병은 시원한 곳에서 쉬며 물이나 이온음료를 마시면 대부분 금세 나아요. 하지만 심한 경우에는 생명이 위험한 열사병으로 발전할 수 있으니 주의해야 해요. 일사병을 예방하기 위해서는 갈증을 느끼기 전에 미리 물을 충분히 마셔야 한답니다.

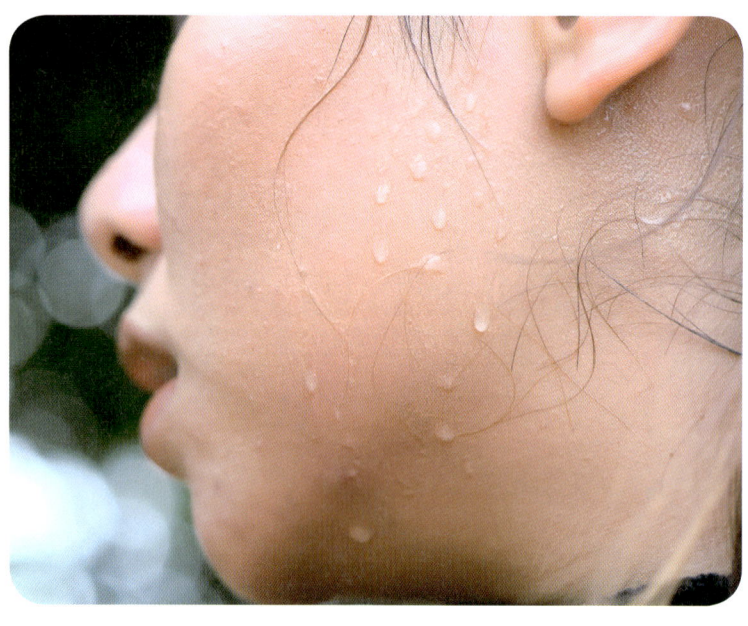

🔍 **바로 구분하기**
원인 수분 부족으로 생긴다.
증상 두통과 현기증, 무력감
얼굴이 창백해지고, 피부는 차가워지며 피부 표면은 땀 때문에 축축하게 젖는다.
대처법 시원한 곳에서 쉬며 물이나 이온음료를 마신다.

알아두면 좋은 상식

열 때문에 경련이 일어난다고? 열경련

한 여름 무더위 속에서 나타날 수 있는 증상이 또 있어요. 바로 '열경련'이지요. 허벅지나 종아리, 배 쪽 근육에 당기는 듯한 경련이 일어나는데, 더위 때문에 몸속 수분이 부족해져서 나타나는 증상이에요. 열경련의 대처 방법은 일사병과 같아요. 시원한 곳에서 쉬며 물이나 이온음료를 마시면 일사병처럼 금세 나을 수 있답니다.

폭염 때문에 열사병 환자가 발생했다는 뉴스를 봤어요. 폭염 때문이라면 일사병 아닌가요? 일사병과 열사병은 어떻게 다른 건가요?

대전 M초등학교 5 **서준영**

열사병

우리 몸은 날씨가 더울 때는 스스로 체온을 낮추고, 추울 때는 체온을 높여 항상 일정한 체온을 유지하려고 해요. 보통 우리 몸의 체온은 36.5℃인데, 지나치게 뜨거운 열을 받으면 우리 몸이 체온을 제대로 조절하지 못하는 열사병에 걸릴 수 있어요.

열사병에 걸리면 피부가 뜨거워지며 붉은색으로 변해요. 또 일사병과는 달리 땀이 나지 않기 때문에 피부 표면이 건조해지지요. 심할 경우 의식을 잃거나 목숨까지도 잃을 수도 있는 심각한 병이랍니다. 열사병 증상을 보일 때는 체온을 낮출 수 있도록 찬물로 몸을 적시고, 가능한 빨리 병원에 가야 해요.

🔍 바로 구분하기

원인 지나치게 뜨거운 열을 받아 체온을 조절하는 기능을 잃어서 생긴다.
증상 피부가 뜨거워지며 붉은색으로 변한다. 일사병과는 달리 땀이 나지 않기 때문에 피부 표면이 건조하다. 심할 경우 의식을 잃게 된다.
대처법 체온을 낮출 수 있도록 찬물로 몸을 적시고, 가능한 빨리 병원으로 옮긴다.

 재미있는 **속담 이야기**

오뉴월 더위에는 염소 뿔이 물러 빠진다.

너무 덥다는 것을 강조하는 속담이에요. 오뉴월의 더위가 어찌나 심한지 단단한 염소의 뿔이 물렁물렁해져서 빠질 지경이라는 뜻이지요. 그런데 오뉴월, 즉 5~6월이 뭐가 그렇게 덥다는 걸까요? 우리나라는 예전에 음력을 주로 사용했기 때문에, 음력 오뉴월을 양력으로 바꾸면 7월 경으로 한창 더울 시기랍니다.

혼합물 vs. 화합물
원래 성질 그대로면 혼합물, 성질이 달라졌으면 화합물

혼합물

혼합물은 두 가지 이상의 물질을 서로 섞었지만, 섞이기 전에 물질이 가지고 있었던 성질을 그대로 지니는 것을 말해요. 소금물이나 우유가 바로 혼합물이지요. 소금과 물을 섞은 소금물은 소금이 물에 녹아 전혀 보이지 않아요. 하지만 소금의 짠맛을 그대로 가지고 있지요. 또 우유는 단백질과 지방 같은 여러 물질이 섞여 있는데, 각 물질들은 자신의 성질을 그대로 가지고 있어요. 단백질을 분리해서 치즈를 만들고, 지방을 분리해 버터를 만들 수도 있답니다.

바로 구분하기
정의 두 가지 이상의 물질이 섞인 물질
성질 섞이기 전의 물질이 가진 성질을 그대로 지닌다.
분리 거르거나 끓이는 등의 방법으로 쉽게 분리할 수 있다.

〈우유와 다양한 버터, 치즈〉

알아두면 좋은 상식

물리적으로 쏙쏙! 혼합물의 분리

혼합물은 거르거나 끓이는 등의 방법으로 간단하게 분리할 수 있어요. 가령 철가루와 소금, 모래가 섞여 있다면, 자석으로 우선 철가루를 골라내고 나머지를 물에 녹여 거름종이로 거르면 모래를 분리할 수 있어요. 그런 다음 소금물을 증발시키면 소금만 남게 되지요. 하지만 화합물은 각각의 원소를 분리하려면 큰 에너지가 필요하고, 그 방법도 까다로워요.

화합물과 혼합물이 어떻게 다른지 궁금해요. 둘 다 똑같이 뭔가 섞어 놓은 물질 같은데 왜 하나는 혼합물이고 다른 하나는 화합물인 거죠? 이유를 알려 주세요.

서울 D초등학교 4학년 **이영재**

화합물

화합물은 서로 다른 물질이 결합하여 전혀 다른 새로운 성질의 물질이 된 것을 가리키는 용어예요. 화합물은 혼합물과 달리 쉽게 분리할 수 없어요.

물(H_2O)과 소금(NaCl)은 대표적인 화합물인데, 물은 수소(H)와 산소(O)가, 소금은 나트륨(Na)과 염소(Cl)가 결합한 것이지요. 물은 온도가 20℃ 이상일 때 기체로 존재하는 수소 두 개에 역시 20℃ 이상일 때 기체로 존재하는 산소 하나가 결합하여 액체인 물이라는 전혀 새로운 물질이 된 거예요. 소금은 물에 닿으면 폭발하는 나트륨과 독성이 강해 위험한 염소가 결합하여 짠 맛이 날 뿐 전혀 위험하지 않은 소금이 된 것이랍니다.

〈소금〉

바로 구분하기
정의 두 가지 이상의 원소가 결합한 순물질
성질 결합하기 전의 원소가 가진 성질과는 다른 새로운 성질을 갖는다.
분리 쉽게 분리할 수 없다.

재미있는 속담 이야기

소금 팔러 가면 비가 오고, 밀가루 팔러 가면 바람 분다.

소금은 비가 오면 물에 녹아 혼합물인 소금물이 되어 사라져버려요. 밀가루는 바람이 불면 날아가 팔 수가 없지요. 이처럼 하려고 하는 일마다 문제가 생겨 잘 되지 않을 때 사용하는 속담이에요. 비슷한 의미의 속담으로 '안 되는 놈은 뒤로 넘어져도 코가 깨진다'라는 말이 있어요. 뒤로 넘어졌는데 앞에 붙은 코가 깨질 정도로 운이 없다는 의미지요. 이런 속담은 가능하면 쓸 일이 많지 않았으면 좋겠네요.

눈 vs. 우박
작으면 눈, 크면 우박

🔍 **바로 구분하기**
정의 구름에서 땅으로 떨어져 내리는 얼음결정
눈결정 크기 지름 약 2mm

눈

구름에서 땅으로 떨어져 내리는 얼음결정이에요. 구름을 이루고 있던 물방울이나 얼음들이 서로 합쳐져 커지면 무게를 이기지 못하고 땅으로 떨어져요. 이때 기온이 낮으면 눈이 되지요. 눈의 결정은 그 크기가 2mm 정도이고 흔히 육각형으로 알려져 있지만, 별모양, 바늘모양, 기둥모양 등 다양한 형태를 하고 있어요.

눈이 내리면서 다른 물방울이나 얼음을 많이 만나 서로 엉킬수록 눈송이가 커지는데, 기온이 따뜻하고 습기가 많을수록 큰 눈송이가 내려요. 이런 눈을 함박눈이라고 하지요. 눈이 내리다가 땅 가까이에 왔을 때 일부가 녹아서 비와 섞여 내리면 '진눈깨비'라고 해요. 눈송이보다 훨씬 작고 둥근 얼음알갱이가 내리는 것은 '싸락눈'이라고 불러요.

📖 알아두면 좋은 상식

눈 결정 연구에 일생을 바친 벤틀리

눈 결정을 확대해서 찍은 사진을 보면 너무 아름다워서 감탄이 절로 나와요. 이런 눈 결정 연구에 가장 많은 공을 세운 사람은 미국의 '윌슨 벤틀리'예요. 그는 눈의 결정사진을 찍는 데 일생을 바쳤답니다. 벤틀리는 일생 동안 약 6000가지의 눈 결정 사진을 찍었다고 해요. 그가 찍은 눈 결정 사진은 '스노우 크리스털'이라는 책으로 발간되었는데, 이 책을 통해 세상에 완전히 똑같은 눈송이는 없다는 것을 보여 주었답니다.

〈벤틀리가 찍은 눈 결정〉

창밖에 눈이 펑펑 내리고 있어서 무척 신이 났어요. 그런데 눈이 아니라 우박이래요! 눈과 우박은 어떻게 다른 걸까요?

서울 W초등학교 5학년 **조혜윤**

바로 구분하기
정의 소나기구름(적란운)에서 내리는 커다란 얼음덩어리
우박 크기 지름이 5㎜~10㎝로 눈보다 크다.

우박

높이 솟은 형태의 큰 소나기구름(적란운)에서 내리는 커다란 얼음덩어리예요. 지름이 5mm에서 큰 것은 10cm나 되지요. 소나기구름이 거대해지면 구름 꼭대기는 온도가 뚝 떨어져서 물방울이 얼음결정이 되고, 결국 무게를 이기지 못해 땅으로 떨어져요. 그런데 내리던 눈이 따뜻한 기온 때문에 비가 되려는 순간, 다시 구름 위로 올라가는 상승기류를 타고 차가운 구름 위로 올라가면 눈이 아닌 꽁꽁 언 얼음이 된답니다. 이것이 땅으로 내리는 것을 우박이라고 하지요.

강한 번개가 치는 날에는 대기가 불안정해서 기류가 상승했다가 다시 내려오는 것이 더 많이 반복될 수 있어요. 이런 날에는 아주 큰 우박이 내릴 수도 있답니다.

뚫어진 벙거지에 우박 맞듯.

벙거지는 조선시대에 궁중이나 양반집의 하인이 쓰던 털로 만든 모자를 뜻해요. 구멍이 난 벙거지를 쓰고 나간 날에 얼음덩어리인 우박이 떨어진다면 정신을 차릴 수가 없겠지요? 이처럼 어떤 일이나 상황이 정신없이 계속 일어날 때 쓰는 속담이랍니다. 만약 지름이 10cm인 우박이라도 떨어진다면 정말 큰 일이 생길지도 몰라요.

빙하 vs. 빙산

육지를 덮고 있는 건 빙하, 바다에 떠 있으면 빙산

빙하

눈이 오랫동안 쌓여 다져져서 단단하게 육지를 덮고 있는 얼음층을 '빙하'라고 해요. 추운 고산지대나 극지방의 경우 겨울철에 내린 눈의 양이 여름에 녹은 양보다 많아 눈이 계속 쌓이게 돼요. 눈이 엄청난 두께로 쌓이면 눈의 아랫부분은 압력을 받아 얼음으로 바뀌게 되는데, 이런 얼음 덩어리가 바로 빙하랍니다.

지구 전체 민물의 약 75%가 빙하로 존재하고 있으며, 지구의 빙하가 모두 녹으면 바다의 높이가 약 60m나 높아진대요. 지구온난화로 빙하가 계속 녹아서 남태평양에 있는 투발루와 같이 낮은 지대의 섬이 물에 잠기고 있어 세계적으로 큰 문제가 되고 있지요.

바로 구분하기
정의 육지를 덮고 있는 얼음층
만들어지는 이유 눈이 오랫동안 쌓여 다져져서 아랫부분이 압력을 받아 얼음으로 바뀐다.

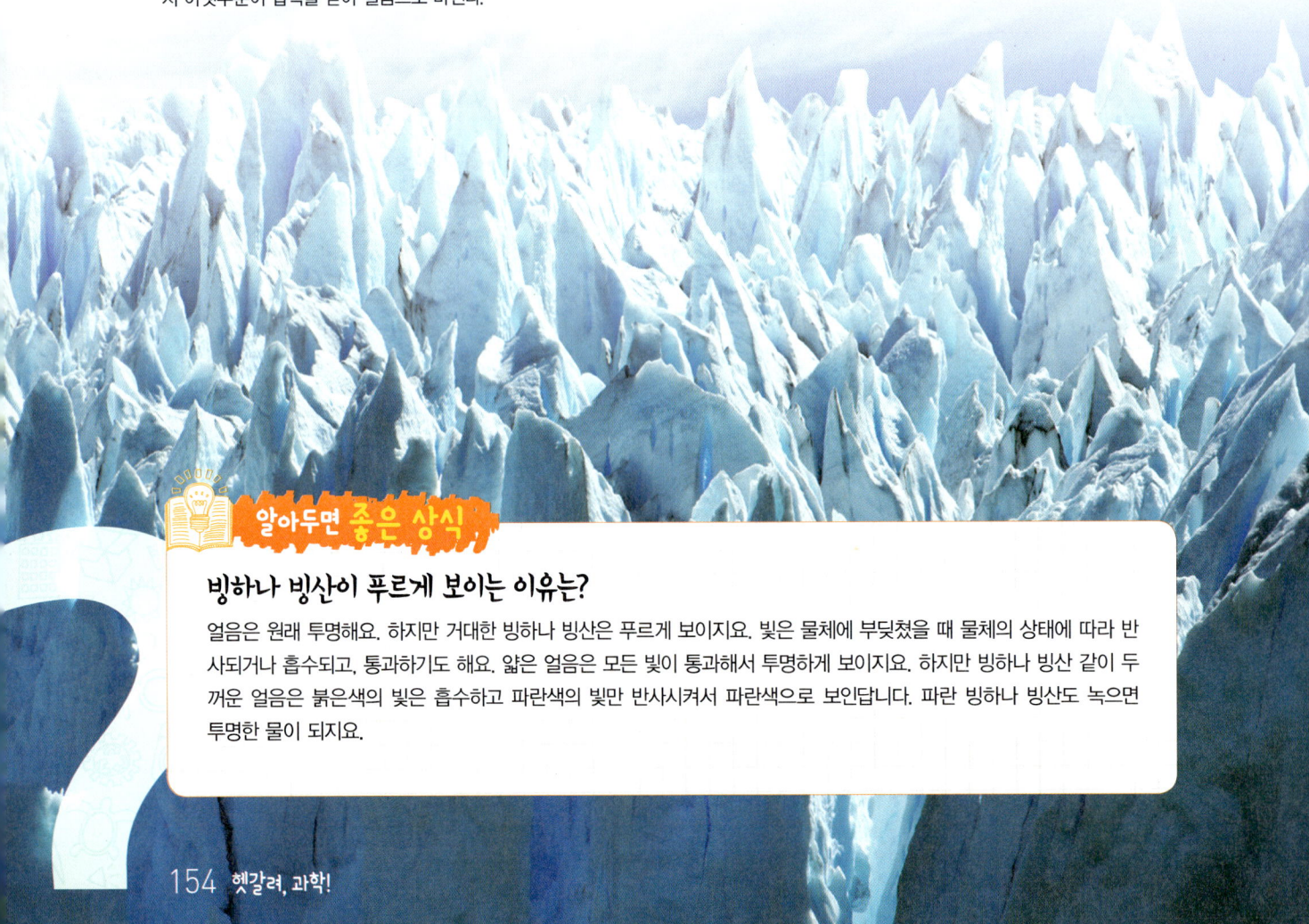

알아두면 좋은 상식

빙하나 빙산이 푸르게 보이는 이유는?

얼음은 원래 투명해요. 하지만 거대한 빙하나 빙산은 푸르게 보이지요. 빛은 물체에 부딪쳤을 때 물체의 상태에 따라 반사되거나 흡수되고, 통과하기도 해요. 얇은 얼음은 모든 빛이 통과해서 투명하게 보이지요. 하지만 빙하나 빙산 같이 두꺼운 얼음은 붉은색의 빛은 흡수하고 파란색의 빛만 반사시켜서 파란색으로 보인답니다. 파란 빙하나 빙산도 녹으면 투명한 물이 되지요.

제 친구가 멋진 빙산이 있는 책을 보여줬어요. 감탄이 절로 나왔어요. 그런데 선생님께서 빙산이 아니라 빙하라고 하셨어요. 둘이 도대체 뭐가 다른 건가요?

인천 M초등학교 5학년 **오안나**

빙산

빙산은 물에 떠 있는 거대한 얼음조각이에요. 물 위에 나타난 부분의 높이가 최소 5m 이상일 때 빙산이라고 부르지요. 높이가 5m가 되지 않는 작은 얼음덩어리는 '유빙'이라고 한답니다. 육지의 빙하가 흘러 바다로 들어가면 빙산이 되지요. 빙산은 물 위에 떠오른 부분은 전체의 8%밖에 되지 않고 나머지 92%는 물속에 숨어 있어요. 그래서 빙산이 배에 충돌하면 매우 위험하지요. 1912년 영국의 여객선 타이타닉호가 빙산에 부딪힌 사고는 최악의 사고로 유명해요. 하지만 현재는 배에 바닷속을 볼 수 있는 레이더가 있어서 빙산으로 인한 사고는 거의 없으니 안심하세요.

바로 구분하기

정의 물에 떠 있는 얼음조각, 물 위에 나타난 부분의 높이가 최소 5m 이상
만들어지는 이유 육지의 빙하가 흘러 바다로 들어가 생긴다.

재미있는 속담 이야기

빙산의 일각.

빙산은 물 위에 떠오른 부분보다 물속에 숨어 있는 부분이 더 커요. 이런 빙하처럼 대부분이 숨겨져 있고 겉으로 나타나 있는 것은 일부분일 때 사용하는 속담이에요. 그런데 얼음은 왜 물에 뜨는 걸까요? 물이 얼음이 되면 물 분자들이 육각형 모형으로 늘어서게 돼요. 그러면 물 분자 사이에 빈 공간이 생기면서 물보다 가벼워지기 때문에 물 위에 뜨게 된답니다.

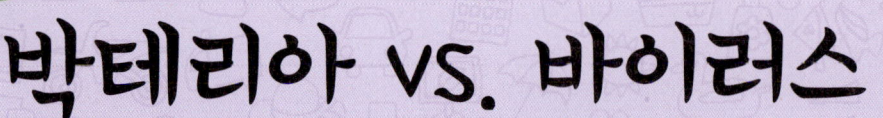

박테리아 vs. 바이러스

일반 현미경으로 볼 수 있으면 박테리아,
전자현미경으로만 볼 수 있으면 바이러스

박테리아

박테리아는 스스로 살아갈 수 있어요. 흔히 '세균'이라고도 부르지요. 세균이라고 하면 병을 일으키는 것이라고 떠올리기 쉽지만, 몸속에서 이로운 일도 많이 한답니다. 장 속에 살면서 사람들이 소화하기 힘든 영양소를 소화시켜 주는 것도 바로 세균이 하는 일이에요. 사람의 대장 속에는 보통 400종의 박테리아가 살고 있다는 연구 결과가 있어요. 된장이나 김치 같은 발효식품을 만들어 주는 것도 바로 박테리아랍니다.

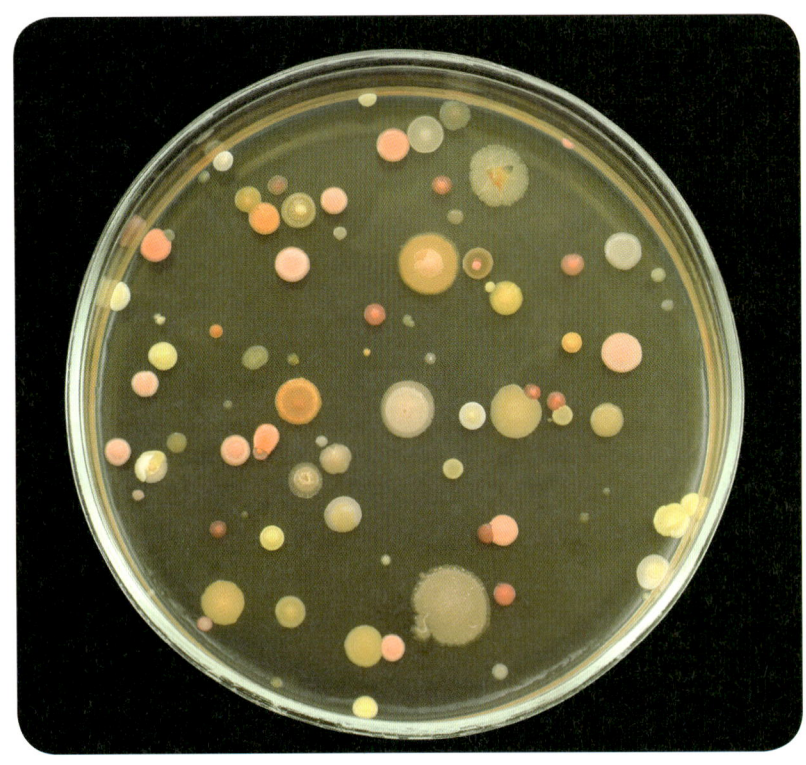

바로 구분하기
이름 박테리아(bacteria) 혹은 세균
크기 수 마이크로미터(μm, 100만 분의 1)로 일반 현미경으로 볼 수 있다.
특징 스스로 살아갈 수 있는 모든 기관을 가지고 있다.

알아두면 좋은 상식

약이 있는 박테리아, 약이 없는 바이러스?

박테리아는 상처에 염증을 일으키는 경우가 많아요. 바이러스는 감기나 독감, 에이즈 같은 병에 걸리게 하지요. 그런데 항생제와 같은 박테리아를 없애는 약은 있지만 바이러스를 없애는 약은 없다는 사실, 알고 있나요? 바이러스가 일으키는 병인 '신종플루'에 먹는 '타미플루' 같은 약은 바이러스가 더 이상 퍼지는 것을 막을 순 있지만 바이러스 자체를 없애지는 못해요. 또 감기약은 기침이나 열 등 감기로 인한 증상을 줄여 주는 약일 뿐, 바이러스를 없애는 역할은 하지 못하지요.

> 우리를 병들게 하는 눈에 보이지 않는 작은 녀석들이 있다고 들었어요. 바이러스와 박테리아라고 하던데…. 둘이 도대체 뭐가 다른 건가요? 헷갈려요~!
>
> 대구 Y초등학교 3학년 **조성훈**

바이러스

바이러스는 박테리아와는 완전히 달라요. 일단 크기부터 차이가 나지요. 박테리아는 수 마이크로미터(μm, 100만 분의 1)로 일반 현미경으로 볼 수 있지만, 바이러스는 수백 나노미터(nm, 10억 분의 1)로 전자현미경으로만 볼 수 있어요. 또 바이러스는 다른 생명체에 기생하지 않으면 아무런 생명 활동도 하지 못해요. 박테리아와 달리 모든 바이러스는 사람의 몸에 들어오면 이로운 일은 하나도 하지 않고 병만 일으킨답니다. 바이러스가 일으키는 대표적인 질병으로는 감기와 독감이 있어요.

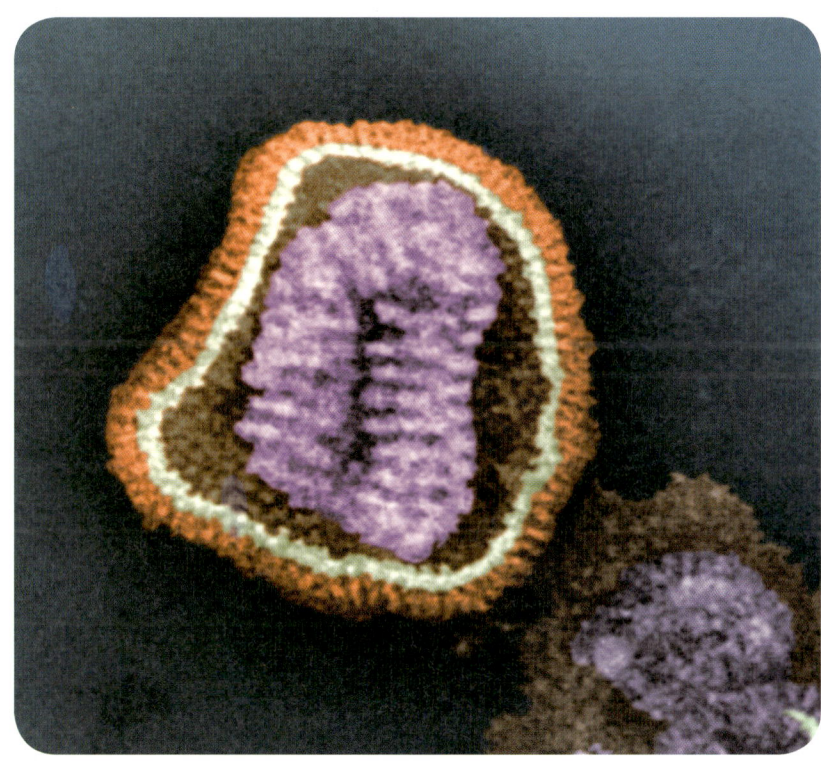

🔍 **바로 구분하기**
이름 바이러스(virus)
크기 수백 나노미터(nm, 10억 분의 1)로 전자현미경으로만 볼 수 있다.
특징 유전물질과 껍질로만 이뤄져 있어 다른 생명체에 기생하지 않으면 아무런 생명 활동도 하지 못한다.

감기와 독감은 다르다!

흔히 독감을 독한 감기라고 생각하지만, 독감과 감기는 엄연히 다르답니다. 독감과 감기는 각각 병을 일으키는 바이러스가 달라요. 200종류 이상의 바이러스가 감기를 일으킬 수 있지만, 독감은 오직 인플루엔자 바이러스만이 원인이랍니다. 인플루엔자 바이러스도 워낙 잘 변하기 때문에 감기와 마찬가지로 완전한 치료 방법이 없어요. 독감을 예방하는 가장 효과적인 방법은 예방주사를 맞는 거예요.

피아노 vs. 파이프오르간

줄을 두드려 소리 내는 피아노, 파이프로 소리를 내는 파이프오르간

피아노

피아노는 건반을 누르면 솜 망치(해머)가 현(줄)을 두드리면서 소리를 내는 악기로, 원래 이름은 '피아노포르테'예요. 건반을 살살 누르면 작은 소리(피아노)를, 건반을 세게 누르면 큰 소리(포르테)를 내지요. 피아노에는 건반이 88개가 있으며, 건반마다 현이 이어져 있어요. 저음을 내는 부분에는 1줄, 중음을 내는 부분은 2줄, 고음을 내는 부분은 3줄이 달려 있지요. 그 이유는 고음을 내는 부분으로 갈수록 현이 가늘어서 소리가 작아지기 때문에, 소리를 크게 하려고 줄을 더 다는 거예요.

🔍 **바로 구분하기**
건반을 누르면 솜 망치(해머)가 현(줄)을 두드리면서 소리를 내는 악기

알아두면 좋은 상식

나도 헷갈린다고? 하프시코드

작은 피아노처럼 생긴 하프시코드(쳄발로)는 건반을 누르면 건반 끝에 달려 있는 가죽이 현을 튕기면서 소리를 내요. 그래서 기타처럼 '챙챙' 하는 소리가 나지요. 하프시코드는 손가락의 힘을 조절해도 피아노처럼 음을 여리게 혹은 세게 칠 수 없답니다. 하프시코드는 르네상스 시대와 바로크 시대에 널리 사용되었지만, 피아노가 나오면서 지금은 오페라 공연에서만 가끔 사용되고 있어요.

엄마와 세종문화회관에 갔다가 거대한 파이프들로 벽면을 채우고 있는 피아노를 보았어요. 그런데 엄마 말씀이 피아노가 아니라 파이프오르간이래요. 피아노와 파이프오르간은 어떻게 다른 건가요?

서울 S초등학교 3학년 **한민준**

파이프오르간

파이프에 공기를 넣어 소리를 내는 악기예요. 피아노와 달리 건반이 2~3개 층으로 되어 있고, 발로 연주하는 '발건반'이 달려 있지요. 건반을 누르면 건반마다 이어져 있는 파이프에 공기가 들어가서 소리를 내요. 파이프 하나하나가 피리 같은 역할을 하는 것이지요. 파이프는 길수록 저음을 내고 짧을수록 고음을 내며, 파이프가 많을수록 다양한 음색을 낼 수 있어요.

우리나라의 세종문화회관에 있는 파이프오르간은 파이프가 8098개나 있고 무게는 45톤이나 되는, 동양에서 가장 큰 파이프오르간이랍니다.

🔍 **바로 구분하기**
파이프에 공기를 넣어 소리를 내는 악기

알아두면 좋은 상식

피아노는 누가 만들었을까?

피아노는 이탈리아의 '바르톨로메오 크리스토포리'가 발명했어요. 그는 건반에 이어진 각 현을 해머로 쳐서 소리가 나게 하는 피아노의 원리를 처음으로 고안했답니다. 크리스토포리의 피아노는 현재까지 총 3대가 전해지고 있는데, 모두 1720년대에 만들었어요. 미국 뉴욕 메트로폴리탄 예술박물관, 이탈리아 로마 악기박물관, 독일 라이프치히대학교 악기박물관에서 볼 수 있어요.

태풍 vs. 토네이도

거대한 구름떼는 태풍, 깔대기 모양의 바람은 토네이도

태풍

태풍은 북태평양 서쪽 바다에서 만들어지는 거대한 구름떼로, 초속 17m보다 강한 바람과 세찬 비를 내리게 해요. 지구는 둥근 모양이라서 중간과 꼭대기가 태양으로부터 받는 열의 양이 달라요. 이 차이를 맞추기 위해 중간의 따뜻한 공기가 위로 이동하는데, 이때 강한 바람과 비를 내리게 하는 태풍이 생기지요.

열대성 저기압은 지역에 따라 이름이 달라요. 대서양과 북태평양 동부에서 만들어진 것은 '허리케인', 인도양은 '사이클론', 호주 근처 남태평양은 '윌리윌리'라고 불러요.

바로 구분하기
정의 북태평양 서쪽에서 만들어지는 열대성 저기압
형태 강한 바람과 세찬 비를 내리게 하는 거대한 구름떼

알아두면 좋은 상식

태풍 이름이 너구리라고?

지난 2014년 우리나라를 휩쓸고 간 태풍 '너구리'는 우리나라에서 지은 이름이에요. 캄보디아, 중국, 북한 등 태풍의 영향권에 있는 아시아 14개 나라가 태풍 이름을 10개씩 지은 뒤, 순서대로 사용하고 있지요. 태풍은 1년에 약 30여 개가 발생하기 때문에 140번까지 다 사용하려면 약 4~5년이 걸리고, 그 뒤에는 1번 이름부터 다시 사용한답니다. 우리나라에서 제출한 이름으로는 개미, 나리, 장미, 미리내, 노루, 제비, 너구리, 고니, 메기, 독수리가 있어요.

며칠 전 뉴스에서 미국에 토네이도가 왔다고 했어요. 곰곰이 생각해 보니 우리나라에는 토네이도가 없잖아요. 태풍과 토네이도는 뭐가 다를까요?

고양 M초등학교 4학년 **임하신**

토네이도

토네이도는 평지에서 만들어져 매우 강하게 회전하는 깔때기 모양의 회오리바람이에요. 오즈의 마법사에서 도로시를 오즈로 데려간 바람이 바로 토네이도지요.

토네이도는 큰 탑처럼 위 아래로 커다란 구름인 적란운이 발달할 때 만들어져요. 적란운에서 나온 열로 데워진 공기가 위쪽으로 모여 천천히 회전하면서 깔때기 모양이 되는데, 이 깔때기가 땅에 닿으면 토네이도가 된답니다.

토네이도의 하나인 '용오름'은 여름철에 따뜻한 바다에서 만들어지는데, 우리나라도 이따금 동해안에서 만들어져요. 용이 바다에서 하늘로 올라가는 모습 같다고 해서 용오름이라고 부른답니다.

🔍 바로 구분하기
정의 평지에서 만들어진 매우 강하게 돌아가는 깔때기 모양의 회오리바람
형태 공기가 천천히 회전하면서 깔때기 모양을 만드는데, 이것이 땅에 닿으면 토네이도가 된다.

 **재미있는 속담 이야기**

까치가 까치집을 낮게 지으면 태풍이 잦다.

까치는 집을 나무꼭대기와 같은 높은 곳에 짓는 습성이 있어요. 그런데 까치가 봄철에 까치집을 낮게 지을 때가 있어요. 우리 조상들은 까치가 큰 태풍이 올 것을 미리 알아채고 바람에 집이 날아가 버릴까 봐 낮게 짓는 것이라 생각했지요. 그래서 까치가 집을 낮게 지을 때는 태풍이 자주 올 수 있으니 미리 조심하자는 의미로 이런 속담을 만들었어요. 하지만 실제로 까치가 태풍이 올 것을 알아차리는지는 과학적으로 증명이 되지 않았어요.

기침 vs. 재채기

기도를 자극하면 기침, 코를 자극하면 재채기

기침

기침은 가스나 세균과 같은 이물질이 기도에 들어오는 것을 막는 중요한 방어 작용이에요. 기도는 입과 허파 사이에 있는, 우리 몸에 산소를 공급하는 통로예요. 기침은 이미 기도로 들어온 이물질을 내보내는 역할도 하지요. 이물질이 코나 입을 통해 몸 안으로 들어오면 우리 몸을 자극하게 돼요. 이 자극이 뇌에 전해지면 가슴과 배 쪽의 근육이 순간적으로 수축하면서, 허파에서 공기가 폭발하듯 입으로 나오는 것이지요. 몸에 들어온 이물질은 기침을 할 때 나오는 폭발적인 공기를 타고 몸 밖으로 나와요. 그래서 기침은 우리 몸을 지키는 데 꼭 필요하답니다.

🔍 바로 구분하기
정의 이물질이 기도 안으로 들어오는 것을 막는 몸의 방어 작용
작용 폐에서 공기가 폭발적으로 나오면서 해로운 이물질을 내보낸다.

알아두면 좋은 상식

기침이 심할 땐 물과 꿀!

숨을 쉴 때 공기가 들어오는 콧속이 건조하면 이물질이 제대로 걸러지지 않아 기침과 재채기가 더욱 심해질 수 있어요. 따라서 기침이 심할 땐 물이나 과일을 많이 먹으면 수분이 보충되어 도움이 되지요. 또 미국의 펜실베니아주립대학교 이안 폴 박사팀의 연구에 따르면, 감기약보다 꿀이 기침에 더 좋다고 해요. 연구결과 꿀을 먹은 어린이는 감기약을 먹은 어린이보다 기침도 덜하고 잠도 잘 자는 것으로 확인되었어요.

요즘 날씨가 쌀쌀해져서인지 밤에 기침을 했어요. 그런데 재채기는 날씨에 상관없이 나잖아요. 순간 궁금한 게 생겼지요. 기침과 재채기는 어떻게 다른가요?

서울 M초등학교 4학년 **오선아**

재채기

재채기는 코의 점막이 자극을 받으면 나타나는 현상이에요. 주변의 온도가 갑자기 변하거나 이물질이 들어와 코의 점막을 자극하면, 이 자극이 뇌로 전달돼요. 그럼 뇌는 우리 몸을 보호하기 위해 공기를 크게 들이 쉬었다가 곧바로 다시 강하게 내뱉어 이물질을 없애라는 신호를 보내지요. 이 신호에 따라 숨을 길게 들이 마시며 몸을 뒤로 젖혔다가 공기를 내뱉으며 몸이 앞으로 쏠리는데, 이 증상이 바로 재채기랍니다.

재채기는 비염과 같은 코에 관련된 병에 걸렸을 때 더 자주하게 되지요.

🔍 바로 구분하기
정의 코의 점막이 자극을 받으면 나타나는 현상
작용 숨을 길게 들이 마시며 몸을 뒤로 젖혔다가 앞으로 숙이면서 순간적으로 공기를 내뱉는다.

재미있는 속담 이야기

기침에 재채기.

콜록콜록 기침이 나는데 재채기까지 더해진다면 정말 괴롭겠죠? 이처럼 어려운 일이 겹쳐서 일어날 때 사용하는 속담이에요. 비슷한 속담으로 '하품에 딸꾹질', '눈 위에 서리 친다.'와 같은 재미있는 속담도 있어요.
미국의 매사추세츠공과대학교에서는 초고속 카메라로 재채기를 할 때 침방울이 어디까지 튀는지 촬영했는데, 작은 침방울이 무려 4~6m까지 날아가는 것으로 확인되었지요. 재채기를 할 때 입 가리는 습관, 꼭 기억하세요!

헷갈려! 물질과 현상

보름달 vs. 슈퍼문

완전히 차오른 둥근 달은 보름달, 보름달이 평소보다 크고 밝으면 슈퍼문

보름달

달은 약 29.5일 동안 지구를 한 바퀴 돌아요. 이때 태양과 지구, 달의 위치에 따라 달의 모양이 다르게 보인답니다. 달은 서쪽에서 동쪽으로 지구 주위를 공전해요. 그렇다보니 태양빛을 받는 부분이 달라지지요. 달이 공전하여 태양 빛을 일부만 받았을 때, 그 방향과 모양에 따라 그믐달, 초승달, 하현달, 상현달 등 다른 이름으로 불려요. 보름달은 태양이 달의 앞면 전체를 환하게 비추어 달의 원래 모습 그대로 둥그렇게 보일 때를 가리키는 용어예요.

🔍 **바로 구분하기**

정의 완전히 차오른 둥근 달
뜨는 날 음력 15일
원리 달이 지구를 중심으로 태양과 정반대 방향에 위치해서 태양이 달의 앞면 전부를 환하게 비추기 때문에 둥글게 보인다.

알아두면 좋은 상식

슈퍼문 뜨면 재앙이 일어난다?

슈퍼문이 뜨는 시기가 되면 인터넷에 '슈퍼문이 뜨면 재앙이 일어난다'는 소문이 퍼지곤 해요. 쓰나미, 대지진 등 기상이변이 슈퍼문 때문이라는 내용이지요. 하지만 슈퍼문은 자연재해와 전혀 상관이 없어요. 달이 지구와 가까워졌을 때 생기는 현상은 밀물과 썰물이 더 크게 일어나는 것뿐이랍니다. 밀물과 썰물은 달의 중력으로 바닷물이 움직이는 현상으로 달이 가까우면 달이 지구에 미치는 힘이 커져서 밀물과 썰물이 더 크게 일어나요.

뉴스를 보니까 2014년에는 슈퍼문이 세 번이나 떴다고 해요. 슈퍼문은 보름달과 무엇이 다른지 정말 궁금해요!

서울 Y초등학교 6학년 **임예승**

슈퍼문

미국항공우주국(NASA)에서는 지구에서 본 달의 크기가 그해의 가장 작은 달인 미니문보다 최대 14% 더 클 때 슈퍼문이라 한다고 정의했어요. 슈퍼문은 달이 지구와 가장 가까울 때 뜬 보름달이에요. 달이 지구 주변을 도는 공전을 할 때, 달은 원형이 아닌 타원형 모양으로 돌아요. 그래서 지구와 가까워졌다, 멀어졌다 하게 되지요. 달이 지구와 가장 가까워질 때는 거리가 약 35만 6000km이고, 가장 멀어질 때는 약 40만 6000km랍니다.

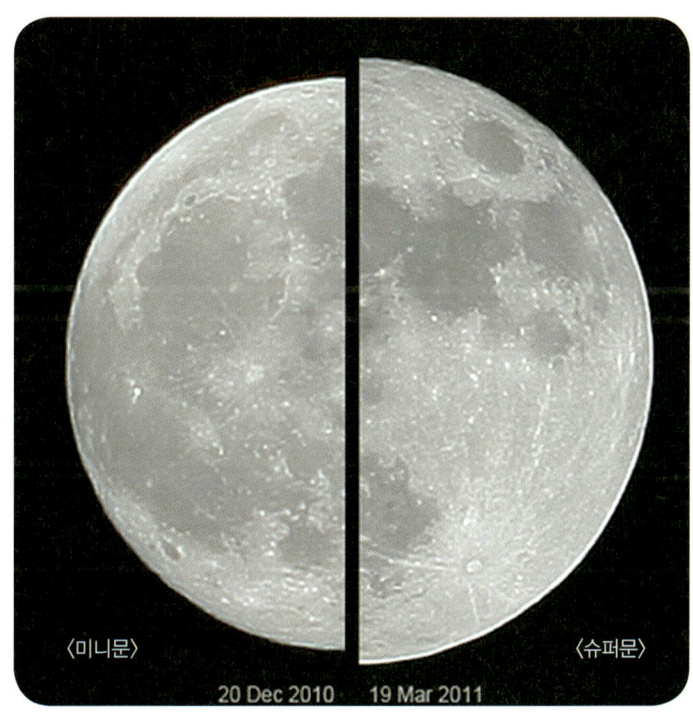

〈미니문〉 20 Dec 2010 〈슈퍼문〉 19 Mar 2011

🔍 **바로 구분하기**

정의 미니문 보다 최대 14% 더 큰 달
뜨는 날 달이 지구와 가장 가까워질 때
원리 달이 지구를 타원형으로 돌아서 달이 지구로부터 멀어졌다 가까워졌다 하기 때문이다.

재미있는 속담 이야기

달 밝은 밤이 흐린 낮만 못하다.

아무리 크고 밝은 보름달이 떠서 밤이 밝다고 해도 흐린 낮보다 밝지는 않죠? 지구에서 눈에 보이는 달과 태양의 밝기를 기준으로 하면, 태양이 달보다 무려 100만 배나 더 밝답니다. 이 속담은 달이 아무리 밝아도 낮처럼 밝을 수 없듯이 자식이 아무리 효도를 해도 남편이나 아내의 사랑보다는 못하다는 의미로 쓰여요. 또 그만큼 자식보다 남편이나 아내의 사랑이 중요하다는 뜻으로 쓰기도 해요.

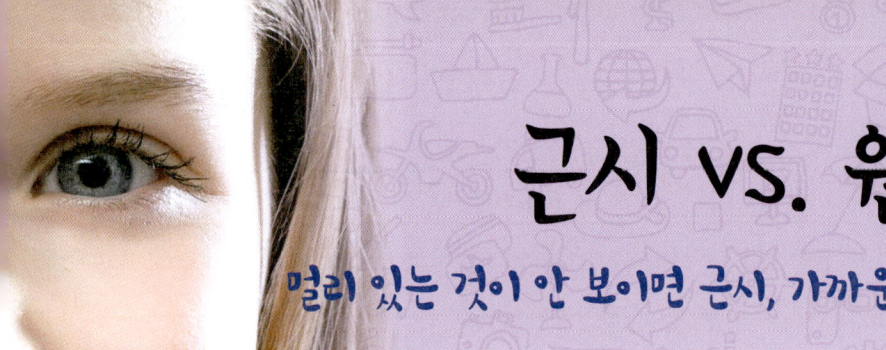

근시 vs. 원시

멀리 있는 것이 안 보이면 근시, 가까운 것이 안 보이면 원시

근시

가까운 곳은 잘 보지만 먼 곳은 보기 어려운 눈을 근시라고 해요. 사람의 눈은 둥근 공 모양의 카메라와 같아요. 눈 가장 앞에는 빛이 들어오는 창인 각막과 빛이 들어오는 구멍인 동공이 있지요. 동공을 통과한 빛이 카메라의 렌즈 역할을 하는 둥근 수정체를 지나 가장 뒤쪽의 망막에 선명하게 맺히면 물체가 또렷하게 보여요. 그런데 각막이나 수정체에 이상이 생기거나 눈알이 긴 경우에는 멀리 있는 것을 볼 때 빛이 망막보다 앞쪽에 맺혀요. 그러면 망막에서는 물체가 흐리게 보인답니다. 근시가 심하다면 빛을 퍼지게 하는 오목렌즈 안경을 써야 해요.

〈근시〉 〈오목렌즈〉

🔍 바로 구분하기
정의 가까운 곳은 잘 보지만 먼 곳은 보기 어려운 눈
원인 각막이나 수정체에 이상이 생기거나 안구가 길어져서 생긴다.
교정 방법 오목렌즈로 교정

알아두면 좋은 상식

초점이 안 맞아요! 난시

난시는 눈에 들어온 빛이 한 방향이 아닌 여러 방향으로 꺾여 빛이 망막에 제대로 맺히지 않는 경우예요. 각막에 상처가 있거나 표면이 고르지 않을 때 많이 생기지요. 사실 난시는 대부분의 사람이 갖고 있어요. 정도가 약해서 일상생활에 지장이 없을 뿐이지요. 하지만 난시가 심해지면 물체가 뚜렷하게 보이지 않고 겹쳐 보이거나, 가장자리가 뿌옇게 흐려진답니다. 난시도 안경으로 교정할 수 있어요.

> 저는 눈이 나빠서 안경을 껴요. 저희 할아버지께서도 안경을 쓰시지요. 그런데 할아버지는 원시고 저는 근시래요. 근시와 원시는 무엇이 다른 건가요?
>
> 김해 B초등학교 6학년 **지강준**

원시

근시와는 반대로 가까운 곳을 잘 보지 못하는 눈이에요. 먼 곳을 볼 때는 큰 문제가 없지만 눈앞의 책을 읽거나 컴퓨터 모니터를 볼 때는 매우 불편하지요.

각막이나 수정체에 이상이 생기거나 눈알이 짧은 경우, 가까운 물체를 볼 때 빛이 망막보다 뒤쪽에 맺혀요. 그래서 원시는 빛을 한 곳으로 모으는 볼록렌즈 안경을 써야 해요.

원시는 나이가 들어 수정체에 탄력이 떨어지면 많이 생기기 때문에 '노안'이라고도 불러요.

〈원시〉   〈볼록렌즈로 교정〉

🔍 바로 구분하기

정의 가까운 곳을 잘 보지 못하는 눈
원인 각막이나 수정체에 이상이 생기거나 안구가 짧아 망막보다 뒤쪽에 초점이 맞춰진다.
교정 방법 볼록렌즈로 교정한다.

재미있는 속담 이야기

제 눈에 안경.

눈이 나빠서 안경을 써야 할 때는 사람마다 자신의 시력에 딱맞게 조절된 렌즈의 안경을 써야 해요. 이 속담은 나의 시력에 딱맞게 맞춰진 안경처럼 남에게는 맞지 않아도 자신에게 맞는 것이 좋다, 혹은 보잘 것 없는 물건이라도 자기 마음에 들면 좋게 보인다는 뜻이에요.

그런데 시력을 이야기 할 때 마이너스 몇 점 몇이라는 말을 많이 써요. 이 말은 시력이 마이너스라는 의미가 아니라 안경알에 빛이 꺾이는 정도를 뜻하는 용어랍니다. 시력을 말하는 수치에는 마이너스가 없어요.

사진 제공

22p 위키미디어 공용
30p 위키미디어 공용
37p 위키미디어 pancrat
38p 어린이과학동아 이혜림 기자
46p 위키미디어 공용
55p 위키미디어 공용
70p 위키미디어 Σ64
80p 위키미디어 공용
81p 위키미디어 공용
84p 위키미디어 Dalgial
85p 위키미디어 최광모
104p 위키미디어 코리아넷
113p 네이버 블로그 허수자(emptyh)
130p 위키미디어 Aathavan jaffna
147p 위키미디어 Afrank99
152p 위키미디어 Wilson Bentley
157p 위키미디어 Dr. Erskine, L. Palmer, Dr. M. L. Martin
158p 위키미디어 Sguastevi
165p 위키미디어 Marcoaliaslama
그 외 셔터스톡